LA CANDIDATE

PANIQUE AU MINISTÈRE 2

Jean FRANCO et Guillaume MÉLANIE

Éditions ART ET COMÉDIE
3, rue de Marivaux
75002 PARIS

Tous droits de reproduction, d'adaptation
et de traduction réservés pour tous pays
ISBN : 978-2-37393-167-9
© Éditions théâtrales **ART ET COMÉDIE** 2016

LA CANDIDATE

a été créée le 12 février 2016
au Théâtre de la Michodière
Direction : Richard Caillat et Stéphane Hillel

Mise en scène : Raymond Acquaviva
assisté de Guillaume Mélanie

Scénographie : Pierre-Yves Leprince et Bastien Forestier
Costumes : Jean-Daniel Vuillermoz
Lumières : Philippe Sazerat

Distribution

Amanda Lear

Marie Parouty

Camille Hugues

Lydie Muller

Raymond Acquaviva

Édouard Collin

NOTE DES AUTEURS

C'est la première fois de notre carrière que nous écrivons une suite… L'idée était excitante mais dangereuse ! Certes, il y en eut d'extrêmement réussies (« Les Bronzés », « Le Parrain »…), mais aussi d'autres catastrophiques, ou simplement décevantes.

Nous ne voulions nous lancer dans cette aventure qu'à trois conditions. D'abord : avoir une histoire solide, originale, percutante. Un nouvel enjeu à la hauteur de la folie de ces personnages que nous avions créés et que nous aimions tant.

Deuxième condition : proposer une évolution à ces personnages qui soit crédible, inattendue et drôle. L'idée de faire de cette suite une « suite présidentielle » s'est donc invitée très tôt et de manière évidente dans nos esprits…

Enfin, dernière condition et non des moindres : réunir l'équipe de fous furieux du premier opus pour l'interpréter…

C'est pour toutes ces raisons que six ans furent nécessaires au montage de « Panique au ministère 2 : La Candidate ».

C'est notoire, et valable pour pas mal de domaines : plus on attend, et plus c'est bon…

Nous espérons que le public abordera ces retrouvailles avec la même joie que nous !

Jean Franco et Guillaume Mélanie

PERSONNAGES

Gabrielle Bellecour-Garcia
Cécile Bouquigny
Sara Bellecour-Tesson
Louis Tesson
Éric Garcia
Samantha Kolaski

DÉCOR

Le bureau de la ministre de la Jeunesse et des Sports, au 103 rue Saint-Dominique, à Paris.

ACTE I

Quand le rideau se lève, Éric est seul en scène, sur le balcon. Il observe quelque chose en contrebas, et s'adresse à quelqu'un qui se trouve dans le cabinet de toilette, dont la porte est grande ouverte.

ÉRIC. – Bon, ce serait peut-être bien d'accélérer un peu, là! Les journalistes commencent à s'impatienter… Et on se rappelle ce qu'on doit dire, hein?… « La Jeunesse et les Sports sont une priorité pour le gouvernement », on rappelle la promesse du président d'allonger le budget de notre ministère, etc. C'est du vent, mais on brode! Et on prend l'air un peu concerné par ce qu'on dit! Quand on est ministre, on prend un air concerné… Ou au moins, on sourit… Après le dernier point presse, j'ai dû ramer à mort pour rattraper la com… Déjà que, niveau crédibilité, on a du taf… Je parle tout seul, là?… *(Il se rapproche de la porte grande ouverte.)* Bon, ça y est, c'est fini?… Mais? Qu'est-ce que c'est que cette tenue? C'est pas du tout ce qu'on avait validé! Vous pouvez pas sortir comme ça! Enfin, vous avez oublié ou quoi? Vous êtes ministre de la Jeunesse et des Sports!

CÉCILE, *sortant du cabinet de toilette.* – Et donc? Tu veux que je fasse le point presse en jogging?!

Cécile apparaît complètement, vêtue d'un costard féminin. Elle est d'extrême mauvaise humeur. Elle remonte jusqu'au balcon et jette un coup d'œil en contrebas.

Éric. – Cécile, on va encore se faire cartonner…

Cécile. – Pourquoi « cartonner » ? C'est Saint Laurent ! *(Observant les journalistes en contrebas.)* C'est pas parce que tes journalistes sont tous habillés comme des baboss, qu'il faut que je me sape comme un sac !

Éric. – Ce sont pas MES journalistes !

Cécile. – J'ai rien à me mettre ! Et surtout, j'ai rien à annoncer ! Alors, ma tenue, ça les occupera en attendant… Tu te rappelles ce que dit tout le temps Gaby ? « On fait de la politique…

Éric. – … donc de la communication », je sais ! Mais, pour une fois, j'aimerais bien qu'on parle de vous ailleurs que dans les pages « mode » !

Cécile. – Si tu continues à me chauffer, c'est dans les pages « faits divers » qu'on va te trouver !

Éric. – La fin du quinquennat est dans trois mois. Donc dans trois mois, c'est fini pour nous ! Vous voudriez pas qu'on laisse une trace de notre passage au ministère ?

Cécile. – Bah, on en laisse une de trace : j'ai fait refaire toute la déco !

Éric, *regardant autour de lui*. – Ah ça, c'est sûr, ils vont s'en souvenir… Non, je parle d'une loi, d'un amendement…

Cécile, *ironique*. – Ah, pardon ! Môssieur l'ancien jardinier devenu directeur de la communication veut apporter sa pierre à l'édifice ?

Éric, *rectifiant*. – Je parle pas de moi… Vous pensez pas que ce serait un super bras d'honneur à tout le monde de montrer que vous n'avez pas été nommée ministre juste pour le fun ?

Cécile. – Mais tu veux que je propose quoi ? Y a plus de fric ! Je vais pas casser mon Livret A !… Sers-moi un café.

Éric. – Non, faut y aller, là…

Cécile. – D'abord un café. Et puis, je descends pas sans Gaby, de toute façon…

Éric. – Qu'est-ce qu'elle fout, d'ailleurs ?

Cécile. – Ta petite femme est dans les bouchons. *(Éric lève les yeux au ciel, exaspéré.)* Bah quoi ? C'est pas ma faute si ça roule mal, j'suis pas aux Transports !… Ils auraient dû m'y mettre, cela dit, moi, j'aurais su parler aux routiers… *(Son portable sonne. Elle jette un coup d'œil à l'écran et raccroche.)* Oh non ! Mais il va me lâcher, lui !

Éric. – C'est qui ?

Cécile. – Hamad. Mon prince du Qatar. Faut qu'il débloque, sérieux…

Éric. – Vous êtes dure… C'est quand même grâce à lui que vous en êtes là !

Cécile. – Ouais, ben ça va, j'ai assez donné de ma personne… Il est collant comme un makroud !

Éric. – Répondez-lui. Il va pas vous lâcher, sinon !

Cécile. – C'est bon, je lui appartiens pas !

Éric. – Si, excusez-moi mais vous lui appartenez ! Vous savez combien ça lui a coûté votre formation ? Plus la mienne ? Au moins cent briques !

Cécile. – C'est pas moi qui voulais me lancer dans la politique ! C'est lui qui s'est mis cette idée débile sous le chèche !... Et puis, cent briques, pour un prince qatari, c'est que dalle ! C'est quoi ? Un pourboire ! Et les résultats sont quand même à la hauteur de son « investissement », non ? J'ai pas couché pour devenir ministre !

Éric. – Non, mais pour devenir maire du 19e, si ! C'est grâce à lui, quand même !

Cécile. – Non. C'est cet arrondissement qui veut ça ! Fallait pas m'envoyer faire du porte-à-porte ! On m'avait collé le secteur « Place des Fêtes »... Eh bah, en matière de fêtes, ça a surtout été la mienne !...

Éric renverse la tasse de café qu'il tendait à Cécile.

Éric. – Merde !

Cécile. – Eh bah, toi qui voulais laisser une trace, t'as déjà réussi à flinguer la moquette !

Arrivée de Gaby.

Gaby, *speed.* – Pardon, pardon, pardon !... Bonjour à tous !

Éric. – Ah, quand même ! Mais t'étais où, bordel ?!

Gaby, *ironique.* – « Bonjour » aussi, mon cœur. Ça va, merci... *(À sa mère.)* T'as toujours pas commencé le point presse ?

Cécile. – Ben, j't'attendais ! J'allais pas me pointer sans ma chef de cabinet...

Gaby, *à Éric.* – Tu l'as briefée sur ce qu'elle devait dire ?

Éric. – Avec ta mère, faut surtout la briefer sur ce qu'elle ne doit pas dire !

Gaby. – Fallait pas te lancer avec elle en politique…

Éric. – J'ai pas forcément choisi… Mais quand tu peux profiter d'une formation Sciences Po accélérée et surtout gratos, faudrait être débile de refuser, non ?

Cécile. – O.K., si vous pouviez faire un break, Amadou et Mariam… J'ai autre chose à faire que de compter les points !

Arrivée de Sara, enceinte, et de Louis, en survêtement et banane.

Sara. – Coucou la famille !

Louis. – Hello, hello !

Cécile. – Ah, voilà les plus beaux ! *(Voyant Louis.)* Enfin, la plus belle…

Louis. – Eh, dites, Cécile, deux tons en dessous, hein ?

Cécile. – Non mais Loulou, tu te laisses aller là…

Louis. – Foutez-moi la paix ! Je suis retraité !

Cécile. – Peut-être, mais t'es marié, aussi ! Et avec une bombe, en plus ! Alors, le survêt, à la limite – mais la banane, c'est illégal !

Sara. – Ça fait trente fois que je lui dis, il refuse de l'enlever !

Louis. – M'enfin ! C'est hyper pratique !

Éric. – Peut-être, mais c'est moche.

Louis. – Je peux mettre plein de choses dedans : mes clés, mon porte-monnaie… Y a même une minipoche pour mon goûter.

Cécile, *à Sara*. – Y a pas des jours où tu regrettes ?

Sara. – Même pas ! Je dois être complètement cinglée, mais je le kiffe toujours !

Gaby. – Allez, maman ! Faut y aller, là !

Louis. – Je peux venir, moi ? J'aime bien les points presse, ça me rappelle le bon temps.

Gaby. – Si tu veux. Mais tu restes hors champ. Et tu m'enlèves cette banane.

Louis, *l'enlevant à regret.* – Vous n'avez aucun goût…

Cécile. – Si, justement !… *(À Éric.)* Il vient aussi, Bébé Kennedy ?

Éric. – Non, je vous surveille du balcon.

Cécile. – Voilà ! Comme ça, si tu vois un drone, chope-le, ça fera un jouet pour la petite !

Elle sort, suivie par Gaby et Louis. Restent en scène Éric et Sara. Éric est sur le balcon et Sara sur le canapé.

Sara, *se massant les pieds.* – Ces escaliers m'ont tuée ! Je préférais quand vous étiez à l'Éducation. Au moins, on était de plain-pied…

Éric. – Ta grand-mère à l'Éducation ?!

Sara. – Bah, ma grand-mère ministre, déjà !

Éric. – Le président voulait faire un coup…

Sara. – C'est pas l'éclate avec maman, en ce moment, non ?

Éric. – C'est compliqué… On travaille beaucoup…

Sara. – Oui… Vous travaillez ensemble, surtout !

Éric. – Pas faux…

Sara. – Vous allez divorcer, tu crois ?

Éric. – Non ! Enfin, j'en sais rien ! C'est quoi cette question ? *(Il jette un coup d'œil en contrebas.)* C'est bon : ils sont installés… Ah, merde ! Elle s'est mise dos au vent, elle a une mèche qui rebique… On dirait un paon. *(Faisant des signes à Cécile.)* Votre mèche ! *(Faisant de nouveau signe à Cécile, en imitant le paon.)* Votre mèche ! *(Désespéré.)* Elle comprend pas !

Sara. – En fait, j'ai vraiment besoin de savoir si vous allez rester ensemble. Pour la petite.

Éric. – Quel rapport ? *(À Cécile.)* Plaquez-moi ces cheveux, bordel !… Ça y est, le vent a tourné, on dirait une punk, maintenant !

Sara. – Parce qu'avec Louis, on a réfléchi, et on s'est dit que s'il nous arrivait quelque chose…

Éric, *nouveau coup d'œil et nouveau grand signe en direction de Cécile.* – M'enfin, personne n'a de la laque ?

Sara. – Enfin, si la petite se retrouve orpheline, on voudrait savoir si…

Éric, *à peine intéressé.* – Oui, j't'écoute, hein… *(Il semble intrigué par quelque chose et sort complètement sur le balcon pour mieux entendre Cécile.)* Qu'est-ce qu'elle dit, là ?

Sara. – … on voudrait savoir si vous voudriez bien être parrains !

Éric, *râle de bête.* – Quooooiiii ?!

Sara. – Bah quoi ? C'est cool, non ? On est sûrs qu'avec maman, vous vous en occuperiez super bien !

Éric, *en furie.* – Je vais la tuer !

Sara. – Ma mère ?!

Éric, *se dirigeant vers la porte.* – Non, ta grand-mère ! J'vais la buter !

Sara. – De quoi tu parles ? T'as entendu ce que j'ai dit ?

Éric. – Non, mais toi, t'as entendu ce qu'elle a dit ?

Sara. – Qui ?

Éric. – Cécile !

Sara. – Ma grand-mère ?

Éric, *ironique.* – Non, la mienne !

Sara, *naïve.* – Ta grand-mère s'appelle Cécile ?

Éric. – Mais non, ma grand-mère s'appelle Clémence !

Sara, *paumée.* – Alors pourquoi tu me parles de ta grand-mère ?

Arrivée de Cécile, Gaby et Louis. Éric lui fonce dessus.

Cécile. – Putain, y a un vent ! J'ai les faux cils en bandoulière !

Gaby, *hurlant, à sa mère.* – T'es cinglée ?! Qu'est-ce qui t'a pris ?

Cécile. – Bah quoi ?

Gaby, *hurlant.* – Tu viens de te présenter à l'élection présidentielle !!!

Louis. – Vous les avez scotchés ! C'était génial, Cécile !

Cécile, *détendue.* – T'as vu ? Celle-là, ils l'ont pas vue venir !

Gaby. – Nous non plus, j'te signale !

Sara, *philosophe.* – J'avais raison : elle a pas changé…

Éric, *ulcéré.* – Qu'est-ce que vous avez fait ?!

Cécile. – Tu m'as perturbée ! Je te voyais sur le balcon, en train de me faire des grands signes, ça m'a mis dedans ! J'ai perdu mon texte, je savais plus quoi dire, donc…

Gaby. – … donc tu t'es présenté aux élections ! Normal, quoi !

Cécile, *à Éric*. – Tu me disais toi-même que tu voulais qu'on laisse une trace, que ça ronronnait un peu pour nous, en ce moment… Là, au moins, ça bouge !

Éric. – Ah oui, là, ça bouge, c'est sûr…

Gaby. – Y en a une autre qui va bouger !

Cécile. – Qui ?

Gaby. – Ta chef de cabinet !

Cécile. – De toute façon, avec toi, je fais jamais ce qu'il faut… Dès qu'y a un tout p'tit peu de nouveauté, tu tachycardises ! Même refaire ta couleur, ça te met en panique… Alors qu'entre nous, puisqu'on en parle, ça serait pas mal si tu te faisais un petit balaya…

Gaby. – Merde !

Éric, *à Cécile*. – Notre parti a déjà un candidat !

Sara. – Ah bon ? Y a plusieurs candidats ?

Éric. – Tu vis dans une grotte, toi, ou quoi ?

Louis, *à Sara*. – Depuis les primaires, notre majorité avait déjà un candidat : Paoli. Mais depuis l'annonce de Cécile, elle en a deux.

Sara. – Trop de mots… *(À Cécile.)* J'avais pas compris que tu nous faisais une petite rébellion, mamie ! On veut jouer les David contre Beckham, hmm ?

GABY, *corrigeant*. – « Goliath ». « David contre Goliath ».

LOUIS. – Ce Paoli, c'est un réac, j'ai jamais pu l'encadrer !

CÉCILE. – Il a un look pourri, en plus…

SARA. – C'est qui Paoli ?

Gaby s'assied et se prend la tête dans les mains.

GABY. – J'arrive même pas à croire ce qui se passe, là…

CÉCILE. – Bon ben, si vraiment ça t'angoisse, on a qu'à dire que… c'était pour déconner !

LOUIS. – Oui, ça marche bien ! Quand j'étais ministre, je le faisais souvent ! *(À Gaby qui l'observe avec haine.)* Pourquoi tu me regardes comme ça ?

GABY. – J'essaie d'imaginer comment ça t'irait, le nez cassé !

LOUIS, *piqué*. – Dis donc, Gaby ! Mollo, hein ? Je te rappelle que je suis ton aîné !

GABY. – Non, Louis : toi, t'es un gamin ! Un môme ! Un enfant ! Et le problème, c'est que t'es un enfant dans un corps de vieux ! Le problème, c'est que t'es Benjamin Button, mais sans la gueule de Brad Pitt !

LOUIS, *toujours très calme*. – Mais pourquoi tu gueules ? Briguer l'Élysée, c'est le rêve de tous les politiques… Alors pourquoi pas Cécile ?

GABY. – Parce que ce n'est pas une politique !!!

CÉCILE. – Ah ouais ? Et j'suis quoi, alors ? Une majorette ?!

ÉRIC. – Gaby veut dire que généralement, on se présente après une longue carrière en politique…

Cécile. – Eh ben, justement, elle est là, la connerie ! On sait tous que plus on avance en politique, plus on accumule les ministères, et plus on se coupe des réalités…

Éric. – C'est pas faux.

Gaby. – Pardon ?

Éric. – Ben, sur ce coup, elle a pas tort ! Ce qui manque en politique, c'est du sang neuf…

Gaby, *éructant.* – Mais c'est une blague ! Éric, ne me dis pas que tu soutiens cette idée débile ?!

Éric. – Je soutiens pas, mais maintenant qu'on y est, faut bien composer avec, non ?

Gaby. – M'enfin, c'est du suicide ! Mon cœur ! Un enfant de cinq ans s'en rendrait compte ! Faut que je t'apprenne ton métier ?

Louis. – On se calme…

Éric, *répondant à Gaby.* – Pourquoi tu m'agresses ? J'ai le droit de trouver que c'est une idée surprenante mais pas si conne, non ?

Gaby, *poursuivant.* – Évidemment, tu penses qu'au boulot. Alors là, c'est Las Vegas pour toi !

Cécile, *à Éric, complice.* – Las Vegas ? On va faire notre show !

Gaby. – Toi tu te tais !… Tu te rends compte de la bombe que tu viens de lâcher ? De la merde dans laquelle tu viens de nous mettre ? On n'est ni prêts, ni compétents, pour partir en campagne. Et je parle même pas de la réaction des gens du parti !

Cécile. – Ils m'ont jamais aimée de toute façon…

Le portable de Gaby sonne.

Gaby. – Tiens, ça commence !

Cécile. – C'est qui ?

Gaby. – Quette ! Si t'en as pas, t'en achètes ! C'est Samantha Kolaski, la chef de campagne de Paoli…

Cécile, *contente d'elle.* – Ah, j'ai dû faire mon p'tit effet…

Gaby fusille sa mère du regard et sort sur le balcon pour téléphoner.

Sara, *à Éric.* – C'est qui, déjà, Paoli ?

Éric, *saoulé.* – O.K., que quelqu'un prenne le relais, là…

Louis, *à Cécile.* – Et vous allez prendre qui, d'ailleurs, Cécile, comme chef de campagne ?

Cécile. – Ah oui, c'est vrai, j'y ai pas réfléchi… Sûrement Éric ou Gaby. Le problème c'est que je peux pas choisir… Je vais quand même pas « ploumer » !

Sara. – Prends les deux !

Cécile. – Très bonne idée, ma caille ! *(Plus bas.)* Pour une fois que tu dis quelque chose de pas trop con…

Sara. – Je t'entends !

Cécile, *à Éric.* – Qu'est-ce qu'il en dit, l'ancien jardinier ? Eh, « silence, ça pousse » ! Ça te botterait de faire partie de l'équipe des winners ?

Éric, *sombre.* – Bah, de toute façon, vous risquez d'avoir besoin de soutien…

Louis. – En tout cas, Cécile, vous avez tout le mien ! *(Un moment de flottement.)* De soutien. Vous avez tout le mien, de soutien !

Cécile. – T'es pas toujours clair, mais c'est gentil, mon Loulou ! *(Retour de Gaby.)* Alors, ça a gueulé ?

Gaby, *décontenancée.* – Ben non… Même pas !… Paoli dit que tu aurais dû lui en parler avant, mais qu'après tout, c'est le jeu démocratique, que tu peux incarner l'aile humaniste du parti… et qu'y a pas de raison de te retirer, tant que tu te rallies à lui au deuxième tour.

Cécile, *suffisante.* – Oui, ça, on verra !… C'est peut-être Paoli qui devra se rallier à moi !

Gaby. – Maman, me cherche pas trop, j'suis « border », là…

Éric. – Tu l'as eu, lui ?

Gaby. – Penses-tu ! Il s'abaisserait pas à me parler !… Non, j'ai eu son pit-bull : Samantha.

Cécile. – Prénom de biatch !… Et elle est coriace, celle-là ? Tu la connais ?

Gaby. – On l'a croisée à quelques soirées avec Éric… *(Elle pianote sur son portable.)* Je te la cherche sur Google, tu vas comprendre… *(Elle tend son portable à Cécile.)* Tiens, admire !

Cécile, *jetant un coup d'œil sur l'écran.* – O.K., le genre de garce où tu sais jamais si elle sourit ou si elle montre les dents !

Éric. – Elle a l'air assez redoutable, je confirme…

Cécile. – Vous allez lui faire ravaler ses facettes à cette grue !… Alors à partir de maintenant, je veux de la stratégie et du conseil !

Louis. – En tout cas, Cécile, vous aurez tous les miens ! *(Un moment de flottement.)* De conseils. Vous aurez tous les miens, de conseils ! *(Brusquement exaspéré.)* Bon, vous le faites exprès ou quoi ?!

Cécile. – Allez, je vous invite à dîner chez « Maxim's » !

Sara. – Oh oui !

Éric. – Non, non, non !

Cécile. – « Fouquet's » ?

Éric. – Non, Cécile !

Sara. – Le relou !

Éric. – Vous êtes en campagne, maintenant. Chaque geste a une conséquence directe dans les intentions de vote.

Cécile. – Ça veut dire quoi ? Qu'on va bouffer au McDo jusqu'en mai ?!

Gaby. – Ça veut dire qu'il va falloir que tu redoubles de vigilance… Et qu'on te briefe un peu sur ta nouvelle vie de candidate.

Cécile. – Ah oui ? Genre quoi ?

Gaby. – Genre, pour commencer : plus de joints. Tu fumes plus !

Cécile. – Quoi ? Même pas un p'tit pét', le soir ? En scred ?!

Gaby. – Même pas.

Cécile. – Et comment je vais tenir, moi ? À l'Euphytose ?!

Éric. – Vous pouvez pas vous permettre. Si vous vous faites choper – et vous vous ferez choper –, on est morts !

Cécile. – O.K… « Next » ?

Gaby. – Évidemment, tu vas mettre la pédale douce sur tes rendez-vous, la nuit, au ministère…

Cécile, *candide*. – J'vois vraiment pas d'quoi tu parles…

Sara. – Tes plans cul, mamie !

CÉCILE, *avec mépris*. – En gros, je deviens une femme sobre et abstinente.

GABY. – Voilà !

CÉCILE. – Une femme morte, quoi !

ÉRIC, *compatissant*. – Courage : c'est juste pour trois mois…

LOUIS. – Dès que l'élection aura eu lieu, vous pourrez à nouveau faire tout ce que vous voulez… Et encore plus si vous êtes élue ! Ça sera classé secret défense !

GABY. – Tu verras, c'est pas mal, aussi, la sagesse. Ça permet de se recentrer sur des choses plus essentielles…

CÉCILE. – Ah ouais ? Quoi ? Les soins palliatifs ?!

GABY. – Donne-moi ton sac !

À regret, Cécile lui tend son sac à main. Gaby fouille dedans.

SARA, *à sa mère*. – Tu cherches quoi ?

GABY. – Son téléphone rouge.

CÉCILE, *précipitamment*. – Celui de mes rendez-vous perso ? Je l'ai plus !

Sara va chuchoter quelque chose à l'oreille de Gaby.

GABY. – T'as raison… *(À Cécile.)* Lève-toi.

CÉCILE, *inquiète*. – Quoi ? Tu veux me frapper, maintenant ?!

GABY. – Lève-toi !

Cécile se lève et se plante face à Gaby. Gaby s'accroupit et relève un peu le pantalon de Cécile. On découvre un téléphone rouge, fixé sur son mollet.

Cécile, *à Gaby.* – Sans déconner… T'aurais dû être matonne ! *(Gaby s'empare du portable de Cécile et le passe à Éric, qui le met dans sa poche. Puis, à Sara.)* Et toi, t'es une balance ! *(À Gaby et Éric.)* C'est bon ? Je peux aller me suicider ?!

Gaby. – Non, tu vas aller faire le tri.

Cécile. – Dans ma famille ? Ça va être fastoche : je garde tout le monde sauf toi.

Gaby. – Non, le tri dans ta garde-robe.

Cécile. – « What » ?

Gaby. – Oui, tu me vires tout ce qui est skaï, vinyle, léopard, zèbre et résille !

Cécile. – Elle est sérieuse ? Je garde quoi ? Mes polaires, mes moufles et mon Damart ?

Gaby. – Voilà. Exécution !

Cécile. – Mollo, sinon c'est toi que je vais faire exécuter. N'oubliez pas : votre candidate, c'est moi !

Elle sort.

Louis. – Dites donc, c'est pas mal comme slogan ! « Votre candidate, c'est moi ! » Non ?

Gaby. – C'est pas mal ?! Faut surtout plus la lâcher, maintenant… Et maintenant, faut lui trouver un mec !

Sara. – Je crois pas que mamie ait besoin de nous pour trouver un mec !

Gaby. – Je rectifie : pas un mec, un mari. *(Tout le monde la regarde, étonné.)* Bah oui ! Pour la présidentielle, faut être en couple.

Louis. – C'est vrai que c'est plus rassurant…

Sara, *hilare*. – Non, mais un mari pour mamie ?!

Gaby. – Oui, même un faux… Surtout un faux !

Éric, *sortant le téléphone rouge qu'ils ont confisqué à Cécile*. – C'est facile, y a qu'à fouiller dans son portable !

Gaby. – Je crois qu'on s'est pas compris : on ne cherche pas un pompier, ni un rugbyman, encore moins un livreur de pizzas, mais un mari. Et de plus de trente ans, si possible !

Éric, *rangeant le téléphone rouge*. – En effet, c'est pas dans son portable qu'on trouvera ça…

Sara. – Mais alors qui ?

Éric. – Ça va pas être simple…

Gaby, *après un petit temps*. – C'est bien le problème…

Louis. – Bah oui… Qui ?

Noir.

FIN DE L'ACTE I

POINT PRESSE 1

On retrouve Cécile en point presse. Derrière elle, Gaby et Éric.

CÉCILE. – Bonsoir. Comme vous le savez, j'ai décidé de me présenter à l'élection présidentielle. C'est une décision mûrement réfléchie. Ça m'a pas pris comme une envie de pi... *(Petit coup de coude sec de Gaby.)*... comme une envie de me présenter ! Je veux être utile à la France, je veux redresser mon pays ! Et j'ai plein d'idées pour ça ! Je vous ferai connaître en temps et heure les principaux axes de mon programme. *(Plus doucement.)* « On vous écrira », quoi !... *(À l'assemblée.)* Quant à Paoli, je dois m'entretenir avec lui demain après-midi... Vous savez, moi je crois que plus y a de candidats, plus y a d'idées, et ça c'est très bon pour la démocratie. J'affronterai Paoli, mais aussi tous les autres ! Et on verra bien qui gagnera les « battles » ! *(Tout le monde la regarde, intrigué.)* Bah quoi ? La présidentielle, c'est un peu comme dans « The Voice », non ? *(Éric et Gaby ne savent plus où se foutre. Aux journalistes.)* En ce qui concerne mes soutiens politiques, j'ai la chance d'avoir à mes côtés Louis Tesson, l'ancien ministre de l'Éducation nationale... Il a un peu morflos, mais il peut encore servir ! Et puis, de toute façon, j'ai plus trop le choix, tous les autres sont déjà pris ! Ou déjà morts. La candidature à la présidentielle, c'est comme pour les soldes ou les cours de zumba : faut pas arriver en dernier ! Alors, oui, ce sera lui mon principal soutien ! *(Frappée d'une idée soudaine.)* Et non seulement c'est mon principal soutien, mais je vous annonce aujourd'hui que c'est aussi mon compagnon ! *(Têtes de Gaby et Éric.)* Nous nous aimons en secret depuis plusieurs années. Alors si je suis élue, il sera ma première dame ! *(Éric et Gaby sont consternés.)* Voilà, vous pouvez aller torpiller le buffet, maintenant. Merci à tous pour votre attention !

Les flashs crépitent, tandis que Cécile sort, suivie par Gaby et Éric qui ferment la marche.
Noir.

FIN DU POINT PRESSE 1

ACTE II

Le lendemain. Cécile est assise à son bureau. Face à elle : Gaby et Éric.

CÉCILE. – Comment ça, « c'est pas un programme » ?

GABY. – Non, maman, je m'excuse mais « ce sera cool, on va se marrer avec moi », ce n'est pas un programme !

ÉRIC. – Elle a raison, Cécile. Cette fois-ci, vous pouvez plus tricher ! Il va falloir faire de la politique : pour de vrai, quoi !

CÉCILE. – Bah, on faisait quoi jusqu'ici ? Du coloriage ?

GABY. – Semblant ! On faisait semblant ! Tu n'as été qu'une image jusqu'à maintenant, tu souriais, t'étais jolie et bien maquillée mais c'est tout !

CÉCILE. – Elle est en train de m'dire quoi, elle ? Que j'suis une arnaque ?!

ÉRIC. – Pas une arnaque, mais c'est vrai que vous n'avez pas été nommée pour vos qualités politiques…

GABY. – Non, tu faisais juste bien sur la photo.

CÉCILE, *de mauvaise foi*. – Oui, bah pardon : j'vais quand même pas me crever un œil pour être moins photogénique !

Gaby. – Là, il va falloir envoyer du lourd !

Cécile. – C'est-à-dire ? Tu veux que je fasse du lancer de grosses ?

Éric ne peut s'empêcher de rire, Cécile aussi, ce qui agace profondément Gaby.

Gaby. – Tu peux arrêter de faire des vannes ?

Éric. – Et toi, tu peux arrêter d'être chiante ?

Gaby. – Pardon ?!

Éric. – Ouais, tu fous une mauvaise ambiance !

Cécile. – C'est clair ! Je me suis pas présentée pour gagner, mais pour relancer un peu le business ! Sans déconner… On s'emmerdait comme des plats morts !

Éric. – Des rats. Des rats morts !

Cécile. – Aaah… C'est pour ça que je comprenais jamais l'expression !

Gaby. – Quoi qu'il en soit, maintenant que tu t'es présentée, il est hors de question qu'on passe pour des rigolos !

Cécile. – Vu ton humour, a priori, y a pas trop de risque…

Éric, *à Gaby*. – Tu veux qu'on procède comment ?

Gaby. – Ah, c'est à moi que tu parles ? T'as besoin des conseils d'une professionnelle ?

Éric. – C'est bizarre de m'envoyer chier en permanence, en fait. Sérieux, tu deviens pénible, là. C'est incroyable d'être à la fois aussi mince et aussi lourde !

Cécile. – Et bim! Tu vois qu'il faut pas forcément avoir fait l'ENA pour avoir le sens de la formule…

Gaby. – Vous savez quoi? Vous me faites chier!

Cécile. – Et ça y est : elle boude! Mais quel caractère, sérieux! D'où elle a chopé cette mauvaise foi, y a des fois j'm'interroge… Bon, elle est où ma première dame?

Louis fait son apparition. Il est vêtu d'un tailleur genre Chanel.

Louis, *triomphant.* – Elle est là!

Gaby. – Dites-moi que je rêve…

Éric. – Mais qu'est-ce que c'est cette matière?

Cécile. – Oh, mon Loulou, tu déchires! On dirait Bernadette!

Louis. – Je suis allé l'acheter en bas.

Gaby. – Tu l'as essayé à la boutique?

Louis. – Oui.

Gaby. – Tu veux dire que quelqu'un t'a vu comme ça?

Louis, *naïf.* – Bah oui, ils m'ont fait quelques retouches…

Gaby. – O.K., c'est bon, laissez tomber le programme et les cinq cents signatures : c'est mort.

Cécile. – Bah pourquoi?

Gaby. – Pourquoi? Elle demande pourquoi?!

Cécile. – Oui… Je peux te le dire dans d'autres langues si tu comprends pas : « Why? Por qué? Ahlache? »

Louis. – « Ahlache? »

Cécile. – C'est de l'arabe.

Louis. – Eh oui, bien sûr... Le Qatar !

Gaby. – Oh oui, le Qatar ! C'est bien à cause de lui qu'on en est là ! Le Qatar ! On en aurait bien besoin, encore ! De ses finances, en tout cas ! Parce que, vu l'équipe de bras cassés que j'me promène, je peux vous jurer qu'il est loin loin loin le premier tour !

Louis. – Ben non, c'est dans trois mois !

Gaby. – Voilà, oui, c'est dans trois mois ! Et dans trois mois, je pense pas que les gens éliront une fausse blonde en Louboutin et un trav' en première dame !

Cécile. – Ce que vous pouvez être fadasses...

Éric. – Louis, rassure-moi, c'est une vanne, ton tailleur ?

Louis. – Comment ça ?

Éric. – Tu comptes pas sérieusement t'habiller comme ça ?

Louis. – Bah non ! En même temps, ça te rappelle des souvenirs ? Comme quand t'étais mon beau jardinier ?... *(Il essaie de le chatouiller.)*

Éric, *s'écartant, épouvanté.* – Enlève immédiatement cette main !

Louis, *à Éric, taquin.* – Petite prude !

Entrée de Sara, essoufflée.

Sara. – Ministère des Sports, tu m'étonnes !... Sans déconner, y aurait pas moyen de piocher dans le budget pour installer un ascenseur ? *(Elle voit Louis, vêtu en robe, et pousse un cri de peur.)* Aaah ! Qu'est-ce que c'est que cette connerie ?! Dites-moi que c'est une hallucination due aux hormones !

Louis. – Alors ? Comment tu trouves ?

Sara. – Ah, bah là, je... je... trouve pas. Je trouve pas les mots, je trouve pas d'insultes suffisamment violentes pour décrire ce que je ressens... Je trouve pas, quoi !

Cécile. – C'est définitif : les hyènes font pas des agneaux. Casse-boulons comme sa mère, celle-là !

Sara. – Elle a un malaise, Angela Merkel ?!

Cécile. – Dis donc, un peu de respect ! C'est pas parce que t'as un soufflé dans le four que je peux pas te coller au mur !

Éric. – O.K., on se détend les catcheuses, le ring n'est pas monté.

Sara, *à Louis.* – Qu'est-ce que tu fous dans cette tenue ?

Gaby, *désespérée.* – De la politique, paraît-il, ma chérie...

Louis, *pas peu fier.* – Je suis la future éventuelle première dame !

Sara, *à Éric.* – Dis-moi qu'il n'a pas réellement cru qu'il fallait qu'il s'habille en femme !

Éric. – Non, c'est une vanne...

Sara. – Très drôle ! Je me plie pas en quatre, hein : techniquement je peux pas ! Et puis vous avez raison, après l'annonce d'hier, vous avez que ça à foutre !

Cécile. – Eh, on te demande, toi, si t'as refait tes racines !

Sara. – Non. Et d'ailleurs, on me demande pas grand-chose, ici... Ça va, je vous dérange pas ? Ça vous arracherait de me demander mon avis sur le fait que mon mec se tape mamie ?

Cécile. – Mais sérieux, tu me cherches toi ! Qu'est-ce que je t'ai déjà dit ? M'appelle pas mamie…

Sara, Louis, Éric et Gaby. – … ça fait « Jurassic Park » !

Sara. – On sait ! Sérieux, tu veux pas t'updater ? Il serait temps de renouveler tes vannes !

Cécile. – Et toi il serait temps que tu pondes, t'as jamais été aussi désagréable avec moi ! Non mais je rêve ! Si t'es pas jolie, ma grande, sois au moins polie !

Sara. – Pardon… mais merde ! Tu me piques mon mec, quoi !

Éric. – Je crois qu'il n'y a qu'ici qu'on peut entendre une petite-fille dire ça à sa grand-mère…

Cécile. – Mais je te le pique pas le vioque ! T'as pas compris ? C'est du bidon !

Louis. – Doucement, Cécile, hein… Le mot « vioque » n'est pas franchement gentil, ni approprié !

Gaby, *à Sara.* – Ma chérie, ça t'embête vraiment qu'on fasse passer Louis pour le mari de ta grand-mère ? C'est juste pour l'image, tu sais.

Sara. – J'ai bien compris, mais franchement, c'est lourd. Ça veut dire quoi ? Qu'il va falloir qu'on continue à se planquer ? Je pourrais une fois, profiter de mon mec en plein jour ?!

Éric. – En même temps, vu sa touche, c'est mieux pour toi, non ?

Sara, *après un court temps.* – Pas faux.

Gaby. – De toute façon, vu les anciennes fonctions de Louis, vous serez toujours obligés d'être discrets… Tu le savais, non ?

Sara. – Oui, mais bon… Ça me fait pas forcément surkiffer de le voir au bras d'une étrangère !

Cécile. – Étrangère, étrangère… Est-ce que j'ai une gueule d'étrangère ? Elle m'a prise pour une Roumaine ?

Éric. – Et puis c'est que pour quelques mois…

Sara. – Ah ouais ? Et si elle est élue ?

Éric, *montrant le couple Cécile-Louis.* – Franchement, tu crois vraiment qu'on a une chance ?!

Sara. – Non, c'est clair…

Cécile. – Putain, on se sent soutenu, ça fait zizir !

Louis. – En plus t'arrêtais pas de dire que j'étais tout le temps dans tes jambes ! Au moins, là, je vais te laisser un peu d'air !

Gaby. – Oui, et puis, grâce à ça, fini le look jogging-banane !

Sara. – Oui, enfin si c'est pour me retrouver avec le Père Dodu en tutu…

Éric. – Oui… Mais il va se changer.

Gaby. – Alors, c'est d'accord ?

Sara. – Ai-je vraiment le choix ?

Cécile. – Non ! Je t'ai bien prêté ma fille pour qu'elle te serve de mère, tu peux filer ton mec pour faire croire que c'est le mien !

Sara, *au bout d'un petit moment.* – Attends, répète, parce que j'ai pas compris…

Cécile, *à Louis.* – C'qu'elle est con ! *(Elle répète.)* Je t'ai bien prêté ma fille pour qu'elle te serve de mère ; tu peux me filer ton mec pour faire croire que c'est le mien !

Sara. – Toujours pas…

Gaby. – Bon, maintenant, au boulot !

Louis. – Allez !

Cécile. – Fais péter le plan d'attaque, ma grande !

Gaby. – Alors, pour commencer, tout le monde va bien fermer sa gueule et suivre mes instructions au pied de la lettre. Compris ?

Louis, *penaud.* – Oui, Gaby…

Cécile. – On t'écoute, Poutine !

Éric pouffe.

Gaby, *à Éric, sèche.* – Tu vas faire ça à chaque fois ? Si c'est ça, tu peux prendre la porte et ne jamais revenir.

Éric. – C'est très juste, ce qu'il se passe là : c'est ta mère qui fait des vannes et c'est moi qui trinque !

Cécile. – Eh ouais, mais moi je suis le chef.

Gaby. – La cour d'école, ça va cinq minutes…

Éric. – Je fais partie de l'équipe de campagne, Gaby, que ça te plaise ou non. Alors à la maison tu fais ce que tu veux, ici tu prends sur toi.

Cécile. – Bon, on est obligé d'assister à tout ça ? Vous nous plombez, là, Roméo et Juliette…

Gaby. – C'est ça de travailler en famille. Si t'es pas contente, toi aussi tu peux te casser.

Cécile, *bas, à Louis.* – Elle l'a su que c'était moi, la ministre ?

Gaby. – On va procéder par ordre : Louis ?

Louis. – Présente !

Gaby. – Tu vas te changer illico, et tu t'habilles en garçon, s'il te plaît. D'ailleurs, non, pas en garçon : en homme. Rassurant et crédible. Maman, tu vas l'aider à choisir ses costumes.

Cécile. – Bah je devrais pas plutôt faire de la politique ? Genre trouver des trucs à faire pour le pays, tout ça ?

Gaby. – Non, ça, tu vas le laisser aux gens dont c'est vraiment le métier ici, c'est-à-dire… bah uniquement moi ! Choisir des fringues, ce devrait être à peu près dans tes cordes…

Cécile. – C'est toi que je vais envoyer dans les cordes, si tu continues à me causer comme ça…

Gaby. – Éric…

Éric, *ultra saoulé.* – Présent, maîtresse…

Gaby. – Tu vas continuer la quête des cinq cents signatures. Si besoin, tu demandes à maman, y a deux ou trois maires qu'elle connaît bien…

Cécile, *menaçante.* – Très bien.

Gaby. – On veut pas de détails, maman, merci.

Cécile. – Pas de risque : un magicien dévoile jamais ses tours.

Gaby. – Toi, Sara, ce qui serait bien…

Sara. – Ah non, moi je t'arrête tout de suite : il est hors de question que je fasse quoi que ce soit, je suis en congé maternité !

Éric, *ironique.* – Euh… pour être en congé faut avoir travaillé au moins une fois dans sa vie, non ?

GABY. – T'inquiète pas ma chérie, j'allais juste dire : ce qui serait bien… c'est que tu t'en ailles ! Car, même si j'ai bien compris que tu ne connaissais même pas le mot, nous, ici, on travaille…

SARA. – C'est agréable. On me fout à la porte, quoi ?

GABY. – Voilà.

CÉCILE, *à Sara.* – Tu veux dix balles, Cosette ?

SARA, *premier degré.* – Ah ouais, je veux bien, faut que je me rachète du vernis.

ÉRIC. – Les femmes de cette famille me désespèrent…

GABY. – T'as pas toujours dit ça !

ÉRIC. – Ah, c'est reparti ? On fait les comptes de tout ce que je te dois ?

GABY. – Non, une vie ne suffirait pas.

LOUIS. – Allez, allez, les enfants, ne vous chiffonnez pas…

ÉRIC. – Toi, va enlever tes bas.

LOUIS. – C'est dommage, je commençais à m'y faire…

CÉCILE, *bas, à Sara.* – Y a des fois je me demande quand même si ton mec il est pas un peu entre le flan et le fraisier !

GABY. – Bon, tout le monde sait ce qu'il doit faire ?

CÉCILE, SARA et ÉRIC, *saoulés.* – Oui…

LOUIS, *content.* – Oui, ma Gaboune !

GABY. – Alors, rompez !

CÉCILE. – Allez, viens mon Loulou, on va checker tes smoks ! Salut les boloss !

SARA. – Je descends avec vous.

Cécile, Sara et Louis sortent.

GABY. – Je vais dans mon bureau.

Elle va pour sortir.

ÉRIC. – Gaby ?

GABY. – Quoi ?

ÉRIC. – Qu'est-ce qu'il nous arrive ?

GABY. – Il nous arrive que ta ministre s'est présentée à l'élection présidentielle.

ÉRIC. – Y a pas que ça, Gaby.

GABY. – Non, t'as raison. Y a aussi que je suis crevée de devoir gérer tout le monde. Y a que j'en ai marre d'avoir l'impression d'être une monitrice de centre aéré alors que je suis chef de cabinet. Y a que je vous supporte plus…

ÉRIC. – Tu me manques…

GABY. – Ah bon ? Je te manque ? C'est bien, il t'aura fallu deux ans pour t'en rendre compte !

ÉRIC. – Deux ans ?

GABY, *glaciale*. – Oui, tu sais, le moment où t'as oublié qu'on était mariés. Le moment où t'as décidé de nous sacrifier à ta carrière. Le moment où je t'ai perdu. Et maintenant, si tu le permets, j'ai du travail. À tout à l'heure.

Elle sort rapidement, sans un regard pour Éric qui se retrouve seul et triste. Énervé, il donne un coup de pied dans une poubelle, mais celle-ci étant en étain, il se fait un mal de chien.

Éric. – Ah!... Sa mère!...

Sara revient, alertée par le bruit.

Sara. – Ça va?

Éric, *contenant sa douleur, d'une petite voix aiguë.* – Bien. Très très bien.

Sara. – C'était quoi ce bruit?

Éric, *même jeu.* – Rien. C'était rien. Qu'est-ce que tu fais là?

Sara. – J'ai oublié mon sac.

Le téléphone interne sonne.

Éric, *même jeu.* – Ah. Téléphone. Interne.

Un temps. Personne ne va décrocher.

Sara. – Tu décroches pas?

Éric, *revenant d'un coup à la réalité.* – Si, bien sûr! *(Il décroche.)* Oui?... Ah bon?... (Il couvre le combiné du téléphone avec sa main.) Merde! Qu'est-ce qu'elle fout là, celle-là?

Sara. – Qui?

Éric. – Kolaski. La chef de campagne de Paoli.

Sara. – C'est qui, Paoli?

Entrée de Cécile.

Cécile. – Elle veut me voir!

Éric. – Comment tu sais?

Cécile. – Je l'ai vue à l'accueil. Fais-la monter. *(Réalisant soudain la présence de Sara.)* Bah qu'est-ce que tu fous là, toi?

SARA. – J'ai oublié mon sac.

ÉRIC, *au téléphone.* – Faites-la monter. *(Il raccroche, puis à Cécile.)* Vous êtes sûre que c'est une bonne idée ?

CÉCILE. – Si on l'évite, elle va savoir qu'on a des trucs à cacher.

ÉRIC. – Bah, qu'est-ce qu'on a à cacher ?

SARA. – Que vous êtes nuls ?!

CÉCILE. – On t'a sonnée, toi ? Et puis, je voudrais pas être désobligeante, mais si tu pouvais gentiment t'arracher, ce serait pas du luxe ! Parce qu'avec ton polichinelle dans le tiroir, tu nous fous la honte !

SARA. – Oui, mon gros ventre et moi, nous dégageons !

CÉCILE. – Je l'aurais pas dit comme ça, mais puisque tu te proposes…

SARA. – On se sent aimé dans cette famille…

Elle va pour sortir par l'entrée principale.

CÉCILE. – Hep hep hep ! L'autre sortie, ma grande…

SARA. – Ah ouais ! Donc, c'est plus de la discrétion, quoi ! On est carrément sur du camouflage vénère ! Allez, salut, la « famille » !

Et elle sort, saoulée.

CÉCILE. – Rappelle-moi de jamais faire de gosses : j'suis pas équipée pour !

ÉRIC. – C'est un peu trop tard, non ?

CÉCILE. – Pour avoir des mômes ? Non, maintenant, tu sais, avec les progrès de la médecine…

ÉRIC. – Non, trop tard parce que c'est déjà fait !

CÉCILE. – Ah bon ? Comment ça ?

ÉRIC. – Bah, Gaby… ça vous rappelle quelque chose ?

CÉCILE. – Ah oui ! C'est vrai ! Je l'oublie toujours, celle-là… Bon, comment on fait pour Kolaski ?

ÉRIC. – On sait pas dans quel état d'esprit elle arrive, alors surtout on garde notre calme et on ne répond à aucune provocation.

CÉCILE. – O.K. *(Un petit temps.)* Il est gonflé, quand même…

ÉRIC. – Qui ?

CÉCILE. – Paoli. Il pourrait faire le déplacement lui-même, au lieu de nous envoyer son petit toutou de chef de campagne…

ÉRIC. – Oui, ben rappelez-vous : son petit « toutou » elle est plutôt du genre roquet il paraît, alors prenez-la au sérieux. Et vous laissez pas impressionner par sa froideur. Comme Gaby vous a dit, elle décroche jamais un sourire ; une vraie porte de prison.

Entrée de Samantha Kolaski, look secrétaire revêche. Cette dernière écarte les bras chaleureusement et se précipite vers Éric et Cécile.

SAMANTHA, *en entrant, tout sourire.* – Cécile !… Hmm… Éric ! Dans mes bras !

CÉCILE, *bas, à Éric, ironique.* – « Une vraie porte de prison » ?!

SAMANTHA. – Alors là, Cécile : bravo ! Vous nous avez cueillis ! Vraiment !… Je me suis dit qu'il fallait que je vienne vous féliciter en personne.

ÉRIC, *sous le charme.* – Et vous avez bien fait…

Tête de Cécile.

Cécile. – Écoutez, merci beaucoup, Samantha, ça fait zizir. Enfin, ça me touche !

Samantha. – C'est normal. Faut être bon joueur. Et nous sommes ravis de vous compter dans la course. C'est agréable d'avoir des adversaires à son niveau.

Éric. – N'en faites pas trop !

Samantha. – Ah non, vraiment, Éric. Je suis très heureuse que nous nous affrontions. Face à un si ravissant et si redoutable concurrent, je vais être obligée de me dépasser. J'aime ça.

Éric. – Ce n'est pas que moi, Samantha, que vous devrez affronter…

Samantha. – Pourquoi ? Vous n'êtes pas le chef de campagne ?

Éric. – Si. Mais en binôme avec Gabrielle.

Cécile. – Ma fille. Et sa femme, accessoirement.

Samantha. – Ah oui ? Ah… Ça m'étonne…

Cécile. – Et pourquoi ?

Samantha. – Je pensais que vous étiez assez intelligente pour mettre en avant les plus jolis éléments de votre équipe. Les plus jeunes, aussi. Et j'imagine les plus fougueux…

Cécile. – Éric, tu peux entrouvrir la fenêtre s'il te plaît ?

Éric. – Pourquoi ?

Cécile. – Visiblement, Mme Kolaski a un peu chaud…

Samantha, *riant*. – Vous êtes drôle… Aussi drôle que votre candidature !

Éric rit bêtement, Cécile le fusille du regard.

CÉCILE. – Bon, Sœur Sourire, on va pas tourner autour du pot : qu'est-ce qui amène votre bouillant petit derrière dans mon bureau ?

SAMANTHA. – On va vraiment parler des choses qui fâchent ?

CÉCILE. – Ça dépend... Quelles sont ces choses censées fâcher ? *(Doucement.)* La vache, c'que c'est relou à dire...

SAMANTHA. – Les sondages...

CÉCILE. – Ah, nous y voilà... Les sondages... Le mot que les Français vont le plus entendre dans ces prochaines semaines... C'est marrant qu'il y ait jamais eu un sondage pour savoir si les Français trouvent pas ça chiant les sondages !

SAMANTHA. – Vous pensez que ça ne sert à rien ?

CÉCILE. – Je pense qu'on leur fait dire ce qu'on veut.

SAMANTHA. – Quoi que vous en pensiez, les derniers ne sont, en tout cas, pas du tout en votre faveur...

ÉRIC. – Cécile s'est présentée hier.

SAMANTHA. – La première impression est souvent la bonne, non ?

CÉCILE. – Si c'était le cas, vous ne seriez pas debout face à moi.

SAMANTHA. – Ah oui ? Et pourquoi ?

CÉCILE. – Parce que la première impression que j'ai eue de vous, était que j'avais envie de vous faire péter vos lunettes.

ÉRIC, *tentant de la calmer.* – Cécile...

CÉCILE, *poursuivant, à Samantha.* – Et finalement, vous voyez, on discute tranquillement, et vous êtes encore en un seul morceau...

Samantha. – Vous me menacez ?

Éric. – Non, elle ne se permettrait pas...

Cécile. – Non, effectivement. Moi, je suis de l'ancienne école : je cogne, puis je réfléchis.

Samantha, *à Éric*. – Elle l'a su, cette dame hystérique qui vous sert de ministre, qu'on faisait de la politique et pas de la boxe thaï ?

Cécile. – Non, elle l'a pas su. Alors faites gaffe, j'ai le « wamashiguéri » facile.

> *Cécile fait un pas vers Samantha comme si elle allait lui sauter au visage mais Éric la retient. Entrée de Gaby.*

Gaby, *apercevant Samantha*. – On a de la visite ?

Cécile. – Oui, et de celles dont on se serait bien passé !

Samantha, *dans un sourire carnassier*. – Bonjour, Gabrielle !

Gaby. – Bonjour, Samantha.

Samantha. – Alors, c'est donc vous que je vais affronter ?

Gaby. – Nous affronterons surtout les candidats de l'opposition, non ?

Samantha. – Pour nous, tous les autres candidats sont des adversaires.

Gaby. – Eh ben, le ton est donné. Je vous sers un café ?

Samantha. – Non, merci. Pourquoi gaspiller du temps avec ceux qui vont nous en faire perdre ?

Gaby. – Nous allons vous faire perdre du temps ?

SAMANTHA. – Vous n'avez aucune chance. Alors pourquoi vous présenter ? C'est puéril…

GABY. – C'est puéril ? Elle est mignonne… Pouvez-vous me rappeler votre âge ?

SAMANTHA. – Pouvez-vous me rappeler le vôtre ? J'ai appris que vous alliez être grand-mère…

CÉCILE. – Moi je boirais bien un café. J'imagine que j'ai toujours pas le droit de lui faire avaler ses facettes ?

Gaby et Cécile se contiennent pour ne pas lui foncer dessus.

ÉRIC. – Toujours pas, non… *(À Samantha.)* Vous prendrez un sucre ?

Têtes de Gaby et Cécile.

SAMANTHA. – Sans café ? Non, je vais y aller.

GABY. – C'est ça.

SAMANTHA, *se retournant dans l'encadrement de la porte*. – Que le meilleur gagne ! *(Un temps, puis tout sourire.)* Et que le plus faible se rallie…

GABY, *sèche*. – On en reparlera le moment venu.

SAMANTHA, *à Éric*. – C'est dommage, Éric… J'aurais adoré croiser le fer rien qu'avec vous. J'ai toujours aimé combattre les jeunes loups…

ÉRIC, *sous le charme*. – On sera sûrement amenés à se revoir…

SAMANTHA. – J'espère !

GABY, *intervenant*. – En attendant, c'est avec moi qu'il faudra composer.

ÉRIC, *pour couper court, aimable.* – Je vous raccompagne ?

SAMANTHA. – Non merci. C'est gentil, je vois qu'on sait vivre…

ÉRIC. – On sait faire plein de choses.

CÉCILE. – Bien ! Allez, les meilleures copines : on a du travail !

SAMANTHA. – Ça !

CÉCILE. – Merci d'être passée, Paola.

SAMANTHA. – Samantha.

CÉCILE. – Sûrement.

SAMANTHA. – Je retourne à mes rendez-vous… On prépare le premier gros meeting. Vous allez le faire où, vous ?

CÉCILE. – Quoi donc ?

SAMANTHA. – Votre premier meeting de candidate. Là où vous exposerez votre grand programme pour la France, devant tous vos supporters ébahis… *(Elle regarde autour d'elle.)* Remarquez, en poussant les meubles, vous pourriez presque faire ça ici, non ?

CÉCILE, *mentant.* – Ah, ce meeting-là ?… Non, non, c'est déjà prévu… On a réservé le Zénith. *(Têtes de Gaby et Éric.)* On s'est dit que c'était bien, pour une prise de contact.

SAMANTHA. – Ah ?… Mais au niveau de la capacité d'accueil, vous n'avez pas peur que ce soit un peu…

CÉCILE. – … petit ? On rajoutera des tabourets !

SAMANTHA, *après avoir observé un instant Cécile et Gaby, dans un moment de flottement.* – Bien ! Alors, à très vite… madame la candidate ! *(À Éric.)* On s'embrasse ?

Éric, *un peu niaisement.* – Euh... oui, bien sûr. *(Ils se font la bise.)* Vous n'allez quand même pas être trop méchante avec nous ?

Samantha. – Avec vous, non, Éric... *(Aux filles.)* En revanche, avec vous, je ne promets rien. Paoli a engagé l'équipe de choc de votre prince qatari... Je ne sais pas à quelle sauce, eux, vont vous manger. Il paraît que quand on les a dans son camp, plus rien ne peut vous faire perdre. Vous confirmez ? *(Un temps. Pas de réponse.)* Vous confirmez ?

Cécile. – Dehors !

Éric. – Cécile...

Samantha. – Laissez, Éric. Il faut que j'y aille. *(Elle se dirige vers la sortie.)* Bonne journée. À bientôt.

Cécile. – C'est ça, on lui dira.

Et elle sort, après un petit clin d'œil à Éric.

Gaby, *à Éric, se contenant.* – Euh... tu te rappelles que c'est notre concurrente ?

Éric, *reprenant un ton professionnel.* – Et alors ? On peut être adversaire et rester élégant, non ?

Cécile. – Oui, bah, on va se détendre sur l'élégance !

Gaby. – C'est une catastrophe...

Cécile. – Sa couleur de cheveux ? Je suis bien d'accord !

Gaby. – Mais non ! Qu'ils aient engagé l'équipe du prince du Qatar !... Déjà qu'on était mal barrés, là on n'a plus aucune chance !

Éric, *à Cécile.* – Je vous l'avais dit, Cécile ! Ça fait six mois que vous lui raccrochez au nez : il s'est vexé ! Vous auriez dû répondre...

CÉCILE. – C'est une catastrophe…

ÉRIC. – Oui, enfin ce ne sont pas des magiciens, non plus !

GABY. – Ah oui ? C'est pas grâce à eux qu'en l'espace de deux ans, t'es devenu conseiller en communication ? Ils ont fait gagner tout le monde : Obama, Cameron…

CÉCILE. – … Morano !

ÉRIC. – Morano ?

CÉCILE. – Morano.

GABY. – Sans compter qu'ils vont fouiner partout pour chercher à nous discréditer. *(À Cécile.)* S'ils apprennent que ton couple est faux ou que Sara est enceinte de Louis, c'est foutu…

ÉRIC. – Mais non ! Faut juste tout bien verrouiller pour que rien ne fuite… Et faut surtout qu'on trouve un programme choc !

GABY, *désespérée*. – Ouais… Va falloir taper fort.

Louis fait son entrée dans un costume trois-pièces pailleté, scintillant de mille feux.

LOUIS, *ravi*. – Et celui-là, vous en pensez quoi ?

Têtes de tous.

CÉCILE, *sombre*. – Non, va falloir taper TRÈS fort…

La lumière descend doucement sur la mine ravie de Louis, et celle dépitée des autres…

FIN DE L'ACTE II

POINT PRESSE 2

On retrouve Cécile en point presse. Derrière elle, Gaby, Louis et Éric.

CÉCILE. – … Hé! ho! Calmez-vous! Chacun son tour. On se croirait au premier jour de soldes chez Chanel! *(Gaby lui donne un coup de coude, Cécile rectifie.)* Chez Tati! *(Tête de Gaby, consternée.)* Alors pour répondre à Madame, oui, nous avons enfin réuni les cinq cents signatures et oui, nous avons un programme qui déchire! *(Éric lui donne un coup de coude.)* Enfin, un programme solide! Et innovant. Avec tout un tas d'idées et de réformes qui vont claquer grave. *(Coup de coude de Gaby.)* Oh, ça va!… Bon, des réformes qui vont vous étonner! Et sauver le pays!… Lesquelles? Eh ben, oui, lesquelles… *(Elle regarde Éric et Gaby mais ces derniers baissent la tête, nous laissant comprendre qu'ils n'en ont aucune idée.)* Lesquelles, lesquelles… seront annoncées très prochainement!… Juste une? *(Sèche et boudeuse.)* Non, j'ai pas envie. *(Éric lui redonne un coup de coude signifiant qu'il ne peut pas parler comme ça à une journaliste. Cécile se lance mais continue à chercher en même temps qu'elle parle.)* Bon… Eh bien, je vais vous donner, en avant-première, une des réformes les plus importantes que nous allons proposer… Et c'est un scoop… *(Elle tente une blague.)* Alors, je compte sur vous pour ne rien dire à personne. Vous jurez sur la tête de vos mères, hein ? *(Elle rit, mais seule, car Gaby, Louis et Éric la fusillent du regard.)* Je plaisante, bien sûr… Comment ? Non, évidemment que non. Je sais bien que la présidence n'est pas une plaisanterie, et je me sens tout à fait concernée par les problèmes de mon pays ! Alors oui, la première réforme sera… sera… de donner plus de pouvoir d'achat aux Français et leur rendre un train de vie enfin digne de ce nom ! Et pour ça, il n'y a qu'une solution : leur donner de l'argent en… en… *(Parce qu'elle ne sait pas quoi dire d'autre, elle se lance.)*… en annulant la dette ! Voilà ! Comme les Islandais ! *(Elle est galvanisée par son idée et devient enragée.)* C'est vrai quoi, y en a marre de ces banques qui se gavent pendant que les petites gens comme vous… *(Elle rectifie.)*… comme NOUS, doivent se serrer la ceinture ! Alors maintenant : STOP. Stop au racket et fuck la dette ! Pas d'autres questions. Vive la liberté et vive la France ! Rompez !

Consternation totale chez Gaby, Éric et Louis.
Noir.

FIN DU POINT PRESSE 2

ACTE III

Un mois plus tard. C'est la nuit. Seules des appliques fond de scène donnant sur les tableaux ou la bibliothèque sont allumées. Dans le bureau, personne. On distingue en contre-jour deux chaises longues, un minifrigo, un parasol, etc. Bref, un décor de plage. La porte du cabinet de toilette entrouverte laisse passer un petit filet de lumière. Dans la pièce à la cour on entend deux personnes qui s'étreignent. La porte s'ouvre et l'on reconnaît la voix d'Éric.

ÉRIC, *off*. – Je suis tellement content de te retrouver... Tu me manques. *(Gloussements féminins.)* Arrête... *(Il rit.)* Arrête, tu m'excites... Hmmm... Enlève ta jupe. Oui, tout doucement, comme ça... Viens... Viens, on va dans le bureau... Le bureau de la Jeunesse et des Sports va prendre tout son sens... *(Il entre de dos en parlant à la personne à l'intérieur.)* Bah merde! Quelqu'un a encore oublié d'éteindre ici... On s'en fout : j'ai trop envie de toi! *(Nouveaux gloussements féminins.)*

Il attire à lui la femme qui l'accompagne, la faisant entrer dans le bureau, et nous laissant découvrir... Samantha Kolaski, sa jupe à la main et le chemisier défait. Ils s'embrassent. Samantha lâche sa jupe tout en reculant dans la pièce presque au milieu du plateau. Éric pivote sur lui-même et ils sont arrêtés dans leur progression en heurtant un transat. Ils découvrent le décor.

SAMANTHA. – Qu'est-ce que c'est que cette connerie ?

On entend siffloter dans le cabinet de toilette à côté, en off.

ÉRIC. – Merde ! Qui c'est ?

SAMANTHA. – Tu m'as pas dit que t'étais tout seul ?

ÉRIC. – Si, tout le monde est censé être en rendez-vous, ce soir ! Vite, cache-toi ! *(Il la pousse vers le balcon.)*

SAMANTHA, *en allant sur le balcon.* – Ma jupe !

ÉRIC. – Quoi ?

SAMANTHA. – Ma jupe !!!

Éric se précipite pour la prendre. La porte du cabinet de toilette s'ouvre. Samantha file sur le balcon. Éric pousse la fenêtre. Cécile fait son apparition, en maillot de bain une-pièce, un cocktail à la main, et un MP3 qui diffuse la musique « Copacabana » en mode haut-parleur.

CÉCILE, *chantonnant en sirotant son cocktail.* – Ça, c'est la vie... *(Elle chantonne.)* « Copacabana... » *(Elle prend un spray de crème solaire et s'en applique un peu partout.)* Punaise, ça tabasse !

ÉRIC. – Cécile ?!

CÉCILE, *distinguant enfin Éric.* – Éric ?!

Éric allume complètement la lumière.

ÉRIC. – Qu'est-ce que vous foutez là ?

CÉCILE. – Bah, c'est mon bureau !

ÉRIC. – Non, mais qu'est-ce que c'est ?

CÉCILE, *se méprenant.* – Un mojito. T'en veux un ? Tape dans le minibar !

ÉRIC. – Non, je me fous de ça ! Qu'est-ce que vous foutez ici ?

CÉCILE. – Ma petite soirée-vacances !

ÉRIC. – Quoi ?

CÉCILE. – Ma petite soirée-vacances ! Mon petit week-end au soleil, si tu préfères ! *(Tête d'Éric, paniqué, qui ne comprend rien.)* Comme notre dîner de ce soir a été annulé à cause d'une alerte à la bombe, on prend notre soirée. Je me suis dit que c'était l'occase pour souffler un peu... Je sais pas toi, mais moi je les ai bien dans les mollets, les deux mois de campagne ! Alors, comme on n'a pas le temps et pas le droit de partir... *(Montrant triomphalement sa petite installation.)* ... j'ai décidé d'amener les vacances à nous !

ÉRIC. – En vous foutant à poil dans votre bureau ?

CÉCILE. – Primo, je suis pas à poil : je porte un petit maillot « Princesse tam.tam » que j'ai piqué à Gaby ! *(Sur le ton de la confidence.)* Il est un peu grand, mais ça passe !

ÉRIC. – Cécile ! On est à une semaine du premier tour ! Vous croyez vraiment qu'on a que ça à faire ?

CÉCILE. – Oui, justement ! À une semaine de l'exam, faut toujours lâcher du lest ! Tu veux que j'arrive dimanche prochain, tendue comme une vieille qui vient de se faire lifter ? *(Éric va pour répondre quelque chose d'insultant, Cécile l'arrête d'un geste.)* Si tu ouvres la bouche, je te colle au mur !... J'ai besoin de me détendre... Et puis, mollo, hein ! Tu veux que je te rappelle les sondages depuis mon annonce sur l'annulation de la dette ?

ÉRIC. – Oui, bah vous pourrez pas arnaquer tout le monde, comme ça, en permanence ! Personne n'y croit dans le milieu ! Tout le monde veut nous descendre. On se fait traiter de démagos matin, midi et soir depuis six semaines !

CÉCILE. – On s'en fout, c'est pas les politiques qui votent !

ÉRIC. – Si ! Ils votent aussi ! *(Il donne un coup d'œil vers le balcon.)* Et puis arrêtez de parler, là… On range et on s'en va.

CÉCILE. – Non, mais t'as pas fini de cuire, toi ! Regarde-moi bien, espèce d'âne raté ! Ce sont mes seules vacances, alors, moi vivante, je décollerai pas mes cuisses sveltes et « enmonoïées » de ce transat. Pigé ?!

ÉRIC. – Cécile, levez-vous et on s'en va. Sinon… *(À court d'arguments.)* Sinon, j'vous en colle une !

CÉCILE. – T'es sérieux ? T'as trop chaud, toi… Allez, on va dire que j'ai rien entendu… Détends-toi et prends un Cornetto !

ÉRIC. – Non, je prends pas de Cornetto ! Et puis, il est où Louis ?

CÉCILE. – T'inquiète pas pour ma première dame, elle est au top !

Louis entre en maillot et en sifflotant, une serviette de plage jetée nonchalamment sur l'épaule. Il ne voit pas tout de suite Éric.

LOUIS. – Ah, t'avais raison, ma Cèce : on est beaucoup mieux en maillot… J'adore cette soirée ! Vive la France ! *(Beuglant.)* « Allons enfants de la patriiiiiii-i-euh… »

CÉCILE, *à Éric.* – Bon, je lui ai peut-être un peu chargé ses mojitos…

Louis s'aperçoit enfin de la présence d'Éric.

LOUIS. – Ben, mon Rico ? Qu'est-ce que tu fais là ?

ÉRIC. – Et vous ?

LOUIS. – Nous sommes en vacances… condensées ! *(Il se met à chanter.)* « C'est l'amour à la plage, ha hou ha tcha tcha tcha… » *(À Cécile, avec un air professionnel.)* Les Beatles. J'adore !

Entrée de Sara, échevelée, en pyjama.

SARA, *hystérique*. – O.K. : quelqu'un peut sortir cette petite de mon utérus, qu'elle arrête de boxer avec ?

LOUIS. – Ben, qu'est-ce que tu fais ici, toi ?

ÉRIC, *jetant un coup d'œil au balcon, en panique*. – Elle fait rien ! Elle fait rien, elle s'en va, elle se tait !

SARA. – Quelqu'un peut lui dire que j'approche le quintal et que si je veux, je peux aisément lui étouffer sa mère ?! *(Elle réalise soudain la situation. À Louis.)* Qu'est-ce que tu fous en slip ?

LOUIS. – Pas en slip, en maillot !

SARA. – Ça change rien : c'est quoi ce bordel ?

ÉRIC. – Un délire de ta grand-mère. Cherche pas à comprendre, je t'expliquerai !

LOUIS. – On va se baigner ?

CÉCILE, *à Sara*. – T'as pris tes brassards ?

ÉRIC. – Sara, t'as vu l'heure qu'il est ? Tu devrais déjà dormir…

SARA, *hurlant, désignant son gros ventre*. – Ben vas-y, explique-lui !!!

LOUIS. – Arrête de gueuler… Prends un Mr Freeze. *(Il va pour plonger sa main dans la glacière, mais Sara l'arrête d'un geste sec et exaspéré.)* Oh, t'es pas fun, t'as pas le « zvague ».

Cécile. – Le « swag » !

Sara. – Je vais le buter… Bon, et puis vous voulez pas ouvrir, là ? On crève de chaud !

Elle se dirige vers la porte-fenêtre du balcon pour l'ouvrir, mais Éric se rue sur elle.

Éric. – Ne touche pas à ça !

Sara. – Ça va pas ? Tu m'as fait super peur ! Tu veux me faire accoucher ou quoi ?

Louis. – C'est pas ce que tu voulais ?

Éric. – Ne touche pas à cette porte. Elle est… piégée…

Cécile. – Comment ça, elle est piégée ?

Éric, *ne sachant pas quoi dire.* – Oui, cette porte est… un piège…

Louis. – Encore une alerte à la bombe ?!

Cécile. – J'appelle la sécurité.

Éric, *hurlant.* – Non, n'appelez pas ! Ne faites rien ! N'ouvrez plus la bouche !

Sara, *même jeu.* – Éric ? T'es sûr que ça va ? Moi je crois que t'es surmené. T'es plus étanche, là !

Éric. – Ta gueule !

Sara. – O.K., j'me le fais, il est pour moi.

Sara va pour foncer sur Éric mais est rattrapée par Louis.

Cécile, *à Éric.* – Bon, écoute, « Lunettes », on t'adore, tu fais partie de la famille, mais là t'as fait péter une digue !

Éric. – C'est-à-dire ?

Cécile. – Bah, t'as piqué mon herbe ! C'est pas possible autrem...

Éric, *ne voulant pas que Samantha entende, se mettant à chanter fort et mal.* – « La la la li la la la ! » *(Éric se met à fermer compulsivement toutes les fenêtres ouvertes et qui peuvent laisser entendre la conversation à Samantha. Tout le monde le regarde, halluciné.)* Je vous en supplie, faites-moi confiance, taisez-vous !!!

Cécile, *lui parlant comme à un débile.* – Mais oui, mais oui, mon gros chat...

Éric. – On sait pas : avec la hausse des sondages, on est sûrement espionnés !

Cécile. – Mais oui, bien sûr, gros ! *(À Louis et Sara.)* Le contrariez pas, surtout !... *(À Éric.)* Oui, oui, y a plein de micros partout ! On va rien dire sur nos gros secrets...

Éric, *ne sachant plus quoi dire, désespéré.* – Je vous en supplie, cassez-vous.

Entrée de Gaby.

Gaby, *hallucinée, elle bugue.* – Mais... Mais... Mais...

Sara. – Oui, ils sont en slip sur des transats en train de boire des mojitos !

Cécile. – Ma chérie, tu tombes bien : y a ta moitié qui est en train de fondre !

Éric. – Gaby ! Mon amour ! Ma chérie ! Tu n'es pas à... au... à... *(Rupture.)* Où tu devais être, ce soir, déjà ?

Gaby, *froide.* – À Poitiers. Avec les agriculteurs.

Louis, *penaud*. – Et tu y es pas, alors ?

Gaby. – Train annulé. Pas d'autre avant demain.

Cécile. – Ça, je peux te jurer que si je gagne, je vais changer la donne, moi. Je vais les faire sauter, leurs grèves ! Et si ça gueule, j'envoie l'armée !

Gaby, *explosant*. – Qu'est-ce que c'est que cette connerie ?!

Cécile. – J'ai vraiment une équipe de casse-bonb' ! Je t'avais dit qu'il fallait pas qu'on se fasse griller, mon Loulou. C'était sûr qu'ils allaient gueuler !

Gaby. – Vous êtes malades ? Qu'est-ce que vous foutez tous à poil, avec une femme enceinte, dans ton bureau ?

Cécile. – On se repose ! C'est crevant d'être adulée. J'en peux plus !

Louis. – Notre dîner a été annulé à cause d'une alerte à la bombe.

Cécile, *en se désignant*. – Mais une bombe peut en cacher une autre !

Gaby. – Quelqu'un vous a vus dans cette tenue ?

Éric, *en stress*. – Non, personne !

Gaby. – Et toi, tu devais pas être au meeting des jeunes du parti ?

Éric. – Si, mais j'en suis parti. Enfin, je suis pas resté, quoi…

Gaby. – Qu'est-ce que c'est que cette chaleur ? On étouffe !

Louis. – Cécile a poussé les radiateurs à fond, pour faire plus vrai…

GABY. – Pour faire plus vrai ?

CÉCILE. – Quoi ? Pour ça aussi tu vas beugler ? C'est toi qui paies la facture EDF ?

GABY. – On peut pas vous laisser cinq minutes !

Elle va ouvrir les rideaux, les fenêtres et la porte du balcon qu'Éric avait fermés.

ÉRIC. – Non, n'ouvre pas !

CÉCILE. – Ça y est : il est reparti !

GABY, *à Éric.* – J'aère, O.K. ? Ça sent le monoï et le rhum à deux kilomètres, on se croirait au Club Med !

CÉCILE, *bas, à Louis.* – Tu vois, c'était réussi, mon Loulou…

LOUIS, *essayant de détendre l'atmosphère, à Gaby.* – Tu veux une glace à l'italienne ?

GABY. – Et ma main dans ta gueule, tu la veux à l'italienne ?!

SARA, *dans son coin.* – J'ai mal au ventre…

GABY, *entrouvrant la porte du balcon pour aérer.* – Ça, ma chérie, c'est normal. Quand on attend un bébé, ce sont des choses qui arrivent.

ÉRIC, *pensant que Gaby va sortir sur le balcon.* – Ne sors pas !

GABY. – Pourquoi ?

ÉRIC. – Parce que… Parce que… Tu m'as pas embrassé !

GABY. – Tu crois vraiment que c'est le moment, Éric ? Et tu crois vraiment que j'en ai envie ?

SARA, *même jeu.* – J'ai mal au ventre…

Gaby. – Je rentre sans prévenir, vous êtes tous censés travailler, et je trouve quoi ? Ma mère et son faux mec en maillot !

Éric. – Non !

Gaby. – Si ! Ma mère, son faux mec, en maillot, en train de manger des Mr Freeze et de boire des Caïpiroskas…

Cécile. – Des mojitos.

Gaby. – … et de boire des mojitos dans le bureau ministériel et je devrais rien dire ? Louis, tu te rappelles que ta vraie femme – et ma fille, au passage – est enceinte de toi ? Tu trouves ça normal de te défoncer aux Cornetto alors qu'elle est à deux doigts d'accoucher ?

Éric, *effondré.* – Merde, on y est…

Gaby. – Ah non, on n'y est pas, justement ! Le premier tour, même si on a commencé à inverser la tendance dans les sondages, on n'y est pas encore ! On n'y est pas du tout, même !

Cécile, *bas.* – Gnagnagna… Jamais contente, cette relou…

Louis. – À qui le dites-vous !

Sara, *même jeu.* – J'ai mal au ventre !

Gaby. – Eh bah, prends un Spasfon !… De toute façon, à cette heure-là, tu devrais être au lit ! Ou au moins allongée ! Et puis je t'ai demandé de plus venir au ministère ! Si quelqu'un te chope avec Louis, c'est foutu !

Éric. – Allez…

Gaby. – Tu veux nous faire griller ? Tu veux vraiment qu'après tout le travail qu'on a abattu depuis six semaines, tout s'écroule à cause de toi ? Je t'assure que les électeurs ne seront pas franchement ravis d'apprendre que pépé, là, nous la joue Yves Montand, avec, en prime, la petite-fille de l'éventuelle future présidente !

ÉRIC. – Et vas-y…

CÉCILE, *bas, dans un soupir, à Louis.* – Elle a besoin de tout nous rabâcher, comme ça ?

GABY. – Alors, je comprends que tout le monde ait un petit coup de mou, mais par pitié…

CÉCILE, *bas, pour elle.* – … pour les croissants…

GABY. – … on ne lâche rien !!! *(À Louis.)* Alors, toi, Louis, tu ranges tout ton barda, tu ramènes ta VRAIE petite amie chez elle se reposer, et tu vas bronzer ailleurs ! *(À Cécile.)* Toi, maman, tu prends ce qui me reste de mari et vous allez rédiger les réponses aux questions de ton interview de demain pour le journal de 20 heures. C'est compris ?

TOUS, *saoulés, chacun pour leur raison.* – Oui, Gaby…

GABY. – Exécution ! *(Elle va pour partir, mais manque de glisser.)* Oh, et puis nettoyez-moi ça ! C'est quoi cette flotte ?… Vous avez aussi voulu matérialiser la mer ?

SARA. – Non, maman.

GABY. – Alors c'est quoi ?

SARA. – Je crois que je viens de perdre les eaux.

CÉCILE. – Et allez, manquait plus que ça ! Un tapis à dix mille !

GABY. – C'est pas vrai ?!

CÉCILE. – Bah si, désolée, mais je l'ai payé dix mille balles !

GABY. – Je parle à Sara ! Oh, c'est pas vrai…

SARA. – Je suis toute mouillée, ça coule partout…

CÉCILE. – O.K., plus souple sur les détails…

Louis. – Mais… Mais… Qu'est-ce qu'il faut faire ?

Gaby. – Eh ben, l'emmener à la maternité !

Sara, *se tordant de douleur.* – Merde, je crois que j'ai une contraction qui arrive… La valise ! La valise !

Cécile, *bas, à Éric.* – Pourquoi est-ce qu'elle crie « la valise, la valise » ? C'est une nouvelle façon de pousser ?

Louis. – Mais elle est où ? Elle est où ?

Sara, *se tordant davantage.* – Mais qu'il est con ! Qu'il est con !

Gaby, *répondant à Louis.* – Elle est chez vous ! Elle est chez vous !

Louis. – O.K… O.K…

Cécile. – Ils vont tous répéter deux fois, comme ça ?

Louis va pour partir, mais revient sur ses pas.

Louis. – Je fais quoi ? Je fais quoi ?

Sara, *hurlant.* – Tu vas la chercher ! Tu vas la chercher !

Gaby. – Stop !!! Je pars devant en voiture avec Sara ! Louis et maman : vous passez chercher les affaires et on se retrouve à la maternité, O.K. ?

Louis. – O.K., O.K. *(Il va pour partir, mais revient sur ses pas.)* Elle est où la maternité ?

Cécile. – Bon, laissez tomber, les meufs, je le gère ! Il est plus opé, là… Je sais où elle est, on vous y rejoint. J'appelle les motards !

Gaby. – Mais maman, tu le fais exprès ? Pas les motards ! Personne ne doit savoir !!!

Cécile. – Ça va, pas la peine de gueuler : j'avais oublié…

Gaby. – Et bien sûr, vous vous changez, d'abord !

Cécile. – Mais oui, t'inquiète, on va pas y aller comme ça… On va mettre nos tongs !

Gaby. – Maman !

Cécile. – Si on peut plus déconner…

Sara, *hurlant de douleur.* – Aaaaah !

Gaby. – Allez ! Top départ !

Louis, *s'approchant pour embrasser Sara.* – Bon courage, mon bébé…

Sara. – Me touche pas, toi ! Tu vois pas ce que tu m'as fait ?

Gaby. – La touche pas, toi ! Tu vois pas ce que tu lui as fait ?

Sara donne des grandes claques sur l'épaule de Louis tandis qu'on l'évacue.

Cécile. – Oui bah l'abîme pas : j'en ai encore besoin de ton mec…

Au milieu du tumulte général, Gaby et Sara sortent suivies par Louis et Cécile.

Éric, *pour lui, dépité.* – Bon bah moi, je vous attends ici… *(Un court temps. La porte du balcon s'ouvre de l'extérieur. Samantha apparaît, toujours en petite tenue. Éric et elle se regardent un long moment sans rien dire.)* Je crois que t'en auras jamais autant appris que ce soir…

Samantha. – Éric…

Éric. – T'as tout entendu, évidemment ?

Samantha. – Évidemment…

Éric. – Samantha…

Samantha. – Je dirai rien. Je devais pas être là. J'ai rien vu.

Éric. – Et rien entendu ?

Samantha. – Et rien entendu… Je suis amoureuse, Éric. Et crois-moi, ça m'est pas arrivé souvent. Nous deux, c'est plus important que cette élection…

Éric. – C'est vrai ?

Samantha. – C'est vrai.

Elle l'embrasse. Il rompt l'étreinte gentiment et sans brusquerie.

Éric. – On va en rester là pour ce soir, non ?

Samantha. – Bien sûr… Je comprends…

Éric. – Je peux te faire confiance ?

Un tout petit temps, puis…

Samantha. – Évidemment.

La lumière descend doucement.
Noir.

FIN DE L'ACTE III

POINT PRESSE 3

On retrouve Cécile en point presse. Derrière elle : Gaby, Louis et Éric.

CÉCILE. – Madame, mademoiselle, monsieur... Françaises, Français... Mes chers compatriotes... Voisins, voisines... D'ici ou de là-bas... Si je prends la parole devant vous, ce soir, c'est pour vous annoncer deux bonnes nouvelles ! Tout d'abord, les intentions de vote continuent à grimper pour moi, et je vous en remercie, vraiment ça me bouche... *(Elle rectifie.)*... me touche ! Et ensuite, je tenais à vous annoncer que je viens d'être arrière-grand... *(Elle bute. Elle n'arrive pas à le dire.)* Arrière-mam... *(Même jeu.)* Enfin, que ma petite-fille, qui attendait un heureux événement, a accouché la nuit dernière d'une jolie petite... heu... *(Gaby lui souffle quelque chose à l'oreille.)* Justine ? Ah... Ah, O.K... Donc d'une petite Justine ! Elle est en pleine forme et sa maman va très bien. Hélas le papa... Eh bah le papa... est mort. Y a des années... *(Éric lui donne un coup de coude.)* Enfin, y a moins de neuf mois, bien sûr ! Mais tout va bien et cette petite euh… Cette petite, c'est aussi votre petite-fille. C'est la petite-fille de la France ! Alors Liberté, Égalité, euh… *(Bas, à elle-même.)* Merde, je me souviens jamais du troisième… *(Elle reprend.)* Liberté, Égalité… Faites des bébés, et vive la France !

Tête de tous. Musique.
Noir.

FIN DU POINT PRESSE 3

ACTE IV

Le rideau et la lumière se lèvent sur Sara et Louis. Sara est en train de monter un lit pour enfant dans un coin du bureau, pendant que Louis communique avec un destinataire inconnu, par talkie-walkie.

LOUIS, *dans le talkie-walkie*. – Caligula à Desdémone ? Caligula à Desdémone ?

VOIX TALKIE-WALKIE, *voix masculine*. – Desdémone, j'écoute.

LOUIS. – Caligula talking. Vous en êtes où ?

VOIX TALKIE-WALKIE. – Ils viennent de sortir.

LOUIS. – Y en a combien ?

VOIX TALKIE-WALKIE. – Une bonne vingtaine.

LOUIS. – Comment ils sont ?

VOIX TALKIE-WALKIE. – Colorés et bien gonflés.

LOUIS. – Plantez un couteau.

SARA, *inquiète, à Louis*. – Qu'est-ce que tu fous ?

Louis. – T'occupe ! *(À son interlocutrice dans le talkie-walkie.)* Alors ?

Voix talkie-walkie. – Ils bougent pas.

Louis. – Défournez-les.

Sara, *même jeu*. – Mais t'es cinglé ?!

Louis. – Quoi ?

Sara. – Qui tu tues ?

Louis. – Tu peux répéter la question ?

Sara. – Qui tu tues ? Tu viens de buter qui, là ?

Louis. – Qu'est-ce que tu racontes ?

Sara. – Là ! Dans le talkie ! « Plantez un couteau », « défouraillez-les »…

Louis. – « Défournez-les » !… Je parle de mes cupcakes !

Sara. – Tes cup quoi ?

Louis. – Cakes. Mes cupcakes. Mes gâteaux ! J'en prépare pour Justine… Une seconde. *(Dans le talkie-walkie.)* Alors ?

Voix talkie-walkie. – Ils sont très beaux. Je lance la deuxième fournée.

Louis. – O.K. Ajoutez les myrtilles. Terminé.

Voix talkie-walkie. – Areuh… Areuh…

Louis. – Je vous demande pardon ?

Voix talkie-walkie. – Je n'ai rien dit, monsieur.

Louis. – Vous vous foutez de moi ? Vous avez dit « areuh areuh » !

Sara. – Ça doit être le babyphone de la petite ! Elle dort à côté, ça doit faire des interférences !

Louis. – Ah, je me disais aussi... *(Il range son talkie-walkie.)* C'est une bonne idée, non, les cupcakes ?

Sara. – Oui... J'espère juste que dans un an, ils seront encore bons !

Louis. – Pourquoi un an ?

Sara. – Parce que je pense que c'est le temps qu'il faut à Justine pour avoir des dents et pour pouvoir les manger !

Louis. – Merde, j'y avais pas pensé ! Tu vois ? J'essaie de t'aider mais j'suis nul...

Sara. – Mais non...

Louis. – Mais si ! Je suis encore plus aux fraises qu'avant ! Toi, t'es métamorphosée ! Tu as arrêté de ne penser qu'à toi. Maintenant tu penses d'abord à elle, à nous... Ça t'a déplacé le nombril !

Sara, *ravie*. – Tu trouves ?

Louis. – J'te jure ! Y a encore un mois, si on m'avait dit que tu deviendrais plus sérieuse et responsable que ta mère, j'en aurais pas mis mon bras à couper !

Sara. – T'as bien fait de pas parier... T'es déjà pas dégourdi avec des bras, alors sans...

Arrivée de Cécile.

Cécile. – Yo Babar et Céleste !

Louis. – Bonjour, Cécile !

Sara. – Salut !

CÉCILE. – Elle est où, la môme ? Vous l'avez déjà vendue ? Elle est sur « Le Bon Coin » ?

SARA. – Elle dort à côté. Viens voir… *(Elle entraîne Cécile vers le cabinet de toilette et entrouvre la porte doucement.)* Regarde comme elle est choute !

CÉCILE, *à Justine*. – Salut, Jasmine !

SARA. – Justine !

CÉCILE. – Ah ouais, Justine. C'est comme « rustine », mais avec un « j »… *(Se penchant vers le couffin.)* Ça en glande vraiment pas une, à c't âge-là… *(À Sara.)* T'aurais pu la maquiller, elle est toute pâlotte…

LOUIS. – Faites enfermer cette femme.

CÉCILE. – Déjà qu'elle a l'air con sans cheveux…

SARA, *refermant la porte, vexée*. – Mamie !

CÉCILE. – C'est pas méchant… On commence et on finit tous notre vie sans cheveux ! Ce qui est complètement con, d'ailleurs…

SARA. – O.K., on va disserter quatre heures sur la capillarité humaine ?!

CÉCILE. – Dis voir, t'as encore les hormones au plafond, toi ! T'es aimable, j'te jure : on dirait ta reum… Ils sont pas là, d'ailleurs, les Ceauşescu ?

LOUIS. – Pas encore arrivés.

Sara est retournée à son activité. Elle essaie d'enfoncer quelque chose dans un gros ours en peluche.

SARA. – Ah, ça me saoule !

Louis. – À quoi tu joues ?

Sara. – J'essaie d'installer une caméra de surveillance pour baby-sitter.

Cécile. – Dans une peluche ?

Sara. – C'est pour pouvoir surveiller la nounou qui va garder Justine. J'ai vu ça dans un reportage. C'est vrai : on sait jamais vraiment à qui on confie nos mômes. Avec ça, je saurai ! Je laisse tourner la caméra pendant que je m'absente, et quand je reviens, je mate les bandes pour voir si la nounou s'est bien comportée.

Cécile. – C'est dégueulasse !

Sara. – C'est rassurant.

Louis. – Mais tu la préviens que ça filme ?

Sara. – Ben non !

Cécile. – Ah ouais ! Pousse-au-crime, en plus !

Louis. – Ça marche bien ?

Sara. – Écoute, je te dirai ça tout à l'heure, je viens de lancer un enregistrement ! Je laisse tourner une heure et après je regarderai… *(À Cécile.)* Me pique pas mon gloss, tu serais grillée !

Cécile, *avec mépris*. – Ma pauvre… J'vois vraiment pas pourquoi j'hésiterais entre ton Labello et mon gloss Chanel ! *(Entrée d'Éric, un dossier en main, l'air préoccupé.)* Yep, Lunettes ! J'ai failli t'attendre !

Éric. – Bonjour, tout le monde.

Cécile. – T'en tires une tronche… T'es privé de muscu ?

Éric, *se forçant à sourire*. – Non, non, ça va... Ça va très bien, même!... J'ai une bonne nouvelle à vous annoncer, Cécile.

Cécile. – Quoi? T'es pris à « Danse avec les stars »?!

Éric pose le dossier sur son bureau.

Éric. – Ce sont les derniers sondages. Lisez.

Cécile se rue sur le dossier, l'ouvre et lit. Son visage s'éclaire.

Cécile. – Mais non!

Éric. – Eh si.

Cécile. – Bah merde alors!

Louis. – Qu'est-ce qu'il se passe?

Cécile. – J'en reviens pas...

Sara. – Bon, faites pas les relous, là! Dites-nous!

Éric, *à Louis*. – Regarde.

Il lui tend le dossier. Louis lit.

Louis, *à Cécile, admiratif*. – En tête?... Vous êtes en tête?

Sara. – Quoi?! Fais voir! *(Elle lit à son tour.)*

Cécile. – Et c'est qui la « queen »?!

Louis, *explosant*. – Yippa! Tropicanaaaaaaaa!

Éric, *sursautant*. – Mais ça va pas?!

Cécile. – Pourquoi est-ce que cet abruti crie le nom d'un jus de fruits?

Sara. – Il croit que ça fait cool.

Louis. – Dix-huit pour cent !

Cécile. – Vous vous rendez compte ? Dix-huit ! Dix-huit pour cent !!! Qui aurait pu croire ?!

Sara. – Pas nous, c'est sûr ! Les Français sont vraiment désespérés…

Cécile. – Je relève pas… Dix-huit pour cent… Et on est que vendredi : il nous reste 48 heures avant le premier tour ! Je vous préviens : le premier qui bouge une oreille, je le tire à vue !

Éric. – Cécile, ce ne sont que des sondages…

Cécile. – Justement ! Si ça se trouve, je suis à bien plus ! On va y être au premier tour ! Et on va gagner ! *(À Louis.)* Mon Loulou, prépare ton passeport : à nous deux les voyages officiels !

Sara, *pincée.* – Vous m'enverrez une carte !

Louis. – Mais tu voyageras avec nous, ma puce ! Toi et la petite. Pas vrai, Cécile ?

Cécile. – Évidemment ! *(Un ton en dessous.)* En soute…

Arrivée de Gaby, en panique, tenant un journal à la main.

Gaby. – On est morts !

Cécile, *l'accueillant à bras ouverts.* – Ah, le retour de Nicoletta ! « Il est mort le soleil ! » T'as vu les sondages, ma Louloute ? *(Gaby ignore l'accolade de sa mère et s'effondre dans le canapé.)* Eh bah ? Tu m'embrasses pas ?

Éric. – Qu'est-ce qui se passe ?

Gaby. – On est morts !

Cécile. – Je suis d'accord : on est claqués. Mais courage ! C'est la dernière ligne droite…

Gaby. – On est morts !!!

Sara. – On a compris !

Sans rien dire, Gaby tend le journal à Éric.

Éric. – C'est le journal d'aujourd'hui ?

Gaby. – Non, de demain.

Cécile. – Bah, comment qu'elle fait celle-là pour avoir le journal de demain alors qu'on est qu'aujourd'hui ?

Éric découvre la une du journal et se fige.

Éric. – Putain !…

Cécile. – Vous êtes chiants, là ! Qu'est-ce qu'il se passe ?

Éric. – On est morts !!!

Il s'effondre à son tour sur le canapé, à côté de Gaby.

Gaby, *à Cécile.* – Lis !

Cécile ramasse le journal. Louis et Sara viennent se placer de part et d'autre d'elle.

Cécile. – C'est qui cette blondasse avec toi, Loulou ?

Sara. – Mais… c'est moi !

Cécile. – Ils auraient pu te photoshoper, on dirait que t'as soixante ballos !

Sara. – Pourquoi on est dans le journal ?

Cécile, *lisant*. – « Panique au ministère : l'ancien ministre Louis Tesson ne serait pas le compagnon de Cécile Bouquigny, candidate à l'élection présidentielle, mais celui de la petite-fille de cette dernière, Sara Bellecour, qui vient de lui donner un enfant… » Bah merde !

Gaby. – Le rédac chef du « Parisien » vient de me l'envoyer. Ça paraît demain. Il voulait nous prévenir.

Cécile. – M'enfin, comment c'est possible ?

Gaby. – Quelqu'un leur a tout balancé. Ils ont refusé de dire qui. On est morts.

Louis. – Pourquoi ? Après tout, qu'est-ce que ça fait ? J'ai le droit d'avoir un enfant, non ? C'est pas incompatible avec la fonction de première dame !

Gaby. – Faire une gamine avec la petite-fille de sa compagne officielle, c'est pas franchement le concept des Français !… Et puis surtout, on a menti, Louis. C'est la seule chose que les électeurs vont retenir : Cécile Bouquigny est une menteuse.

Cécile. – Oui, ben dis pas ça comme ça, on dirait que c'est vrai !

Sara. – En même temps, c'est vrai…

Cécile. – Elle la boucle, la Mamma ?… C'est une catastrophe… *(À Éric.)* Qui a pu leur balancer ça ?

Éric, *gêné*. – Je sais pas…

Cécile. – Qu'est-ce qu'on fait, du coup ? On ferme la boîte et on se tire en vacances ?

Louis, *dépité*. – Si près du but… C'est vraiment… moche.

Cécile. – Tu m'étonnes ! Quel milieu de piranhas ! Le showbiz, à côté, c'est « Les Télétubbies » !

Lourd silence. Éric est toujours mal à l'aise. Louis pose une main rassurante sur l'épaule de Cécile. Sara relit l'article et Gaby réfléchit.

Éric, *essayant de reprendre les choses en main.* – Bon, allez : on se laisse pas démonter ! On a une petite longueur d'avance, puisqu'on est prévenus ! Ça sert à rien de passer une plombe à chercher qui nous a trahi. Y a une fuite, y a une fuite ! Quand une couche déborde, on cherche pas où ça s'est déchiré : on nettoie !

Cécile, *consternée par la métaphore d'Éric.* – Je crois que tu passes un peu trop de temps avec Céline...

Sara, *corrigeant.* – Justine.

Cécile. – Merde ! Pas loin !

Éric. – Il faut qu'on reste soudés. Qu'on fasse front...

Louis, *dépressif.* – La vie est moche... Tout le monde est moche... Je veux mourir...

Cécile, *à Sara.* – O.K., on va se tirer une balle avec la Loana ; tu nous évacues la dépressive ?

Sara. – Je l'emmène faire un tour... *(Elle prend Louis par le bras et va pour sortir.)* Vous surveillez la petite ?

Louis, *marmonnant.* – Je porte la poisse... Je suis un échec...

Sara et **Éric.** – Mais non, mais non...

Louis. – Je suis un flop... Un flop !

Ils disparaissent tous les deux. Restent en scène Gaby, Éric et Cécile.

CÉCILE. – Eh bah, ça sent le dépôt de bilan...

GABY. – Comment ça a pu arriver ? On a tout bétonné !

CÉCILE. – Ils ont dû engager des détectives privés, planquer des micros, ou je sais pas quoi... *(Un court temps.)* Bordel, j'étais favorite ! Tous ces efforts pour rien ! Toutes ces années de labeur et d'abnégation...

GABY. – N'en fais pas trop, quand même...

CÉCILE. – J'l'ai pas vu venir, dis donc... Mais j'le sens bien passer !... Ce soir, je vous préviens, je me mets une race ! Plus rien à perdre, plus rien à foutre !

ÉRIC. – Cécile, tout n'est peut-être pas foutu...

CÉCILE. – Tu parles !... J'aurais jamais dû me lancer dans tout ça, c'était une connerie... Mais bon, tant pis ! Les conneries, ça fait avancer... On vivra peut-être moins longtemps, mais plus intensément ! Moi, si on avait dû m'enlever un jour de vie par connerie faite, je crois que j'aurais même pas dû naître ! Je dois des jours, même !

Retour de Sara.

SARA. – Kolaski arrive !

ÉRIC. – Quoi ?!

CÉCILE. – Elle s'est crue chez sa mère ou quoi ? Faites-lui un double des clés, ça ira plus vite !

SARA. – On l'a croisée en descendant. Elle est au courant pour l'article.

CÉCILE. – Tu m'étonnes : celle-là, elle a dû être vautour dans une vie antérieure ! Dès que ça pue, elle rapplique !

SARA. – Elle dit qu'elle a un marché à vous proposer…

CÉCILE. – Faites-la entrer : j'suis chaude comme une rampe de lancement !

GABY, *voyant qu'Éric, blême, s'accroche à son bureau.* – Ça va ?

ÉRIC. – Au top…

Il respire un grand coup. Samantha entre en se massant le crâne, suivie de Louis, remonté à mort.

SAMANTHA, *regardant l'assemblée en ricanant.* – Mais tout le monde est là, dites-moi ! Toute cette belle famille recomposée !… Rappelez-moi qui est avec qui, parce que, franchement, je m'y perds…

CÉCILE. – Si on arrive à vous perdre, vous allez m'trouver, en tout cas !

GABY. – Mollo, maman !

SAMANTHA, *à Louis.* – Pas trop dur de jouer les épouses modèles ?

LOUIS. – Et vous, pas trop dur de jouer les têtes de conne ?

CÉCILE, *désignant son visage.* – Non, t'inquiète, elle est équipée pour !

ÉRIC. – Cécile, on se calme… *(À Samantha.)* Vous voulez quoi ?

SAMANTHA. – Ah, on se tutoie plus ?

ÉRIC. – Non, pas là…

SAMANTHA, *à Éric.* – Je peux te parler seul à seul ?

GABY. – Je crois pas, non.

SAMANTHA, *répondant à Gaby.* – C'est à votre mari que j'ai posé la question.

Gaby. – Et c'est moi qui vous donne la réponse.

Éric. – Je n'ai aucune envie de vous parler seul à seul, Samantha.

Gaby. – On se doute que le scandale vient de chez vous. Donc, vous allez très vite annoncer le marché que vous voulez nous faire et vous casser d'ici. C'est clair… *(Montrant Cécile.)*… ou vous préférez que la dame vous explique ?

Cécile, *ne se tenant plus.* – Un mot d'toi et j'la pile, la pouffe !

Samantha, *à Cécile.* – Comme vous le savez, le scandale est à vos portes. Paoli a été informé du gros mensonge que vous cachiez aux Français…

Gaby. – Ça relève de sa vie privée.

Samantha. – Ce n'est pas l'avis de Paoli. Ni le mien, d'ailleurs. Il nous a donc semblé impossible de garder ça pour nous… C'est vrai que ça risque de mettre un sérieux coup de frein à votre belle envolée dans les intentions de vote…

Éric. – Bon… Vous proposez quoi ?

Samantha. – Si Cécile appelle à voter Paoli, l'article ne sortira pas. *(À Cécile.)* Votre image sera intacte. Enfin, pas pire qu'elle ne l'est déjà !… Ce qui vous permettra d'accepter une jolie place de ministre au gouvernement… quand nous gagnerons.

Sara. – On s'en fout puisqu'elle est déjà ministre !

Samantha. – Cette jeune femme très sympathique a-t-elle compris à quoi servaient les élections ?

Louis. – Tais-toi, ma biche. C'est déjà assez compliqué…

Gaby, *à Samantha.* – Quoi, comme ministère ?

Samantha. – Acceptez notre proposition. Après, on discutera…

Gaby. – On va réfléchir.

Samantha. – Dépêchez-vous : l'article pourrait sortir demain. Et le premier tour, c'est après-demain…

Éric, *explosant.* – C'est tout réfléchi. *(S'avançant vers Samantha.)* Dégage ! T'entends ? Dégage ! On n'en veut pas de ton marché pourri. De tes arrangements bidon. On va peut-être perdre, mais à la loyale !

Samantha, *ironique.* – Quelle grandeur d'âme ! Y aurait du André Rieu en fond sonore, je serais à deux doigts de chialer…

Gaby. – Éric a raison : barrez-vous !

Éric, *se plantant sous le nez de Samantha, avec mépris.* – Je te faisais confiance…

Samantha. – C'est vrai. Ce qui prouve que je me suis trompée : t'es pas aussi doué que je le pensais… *(Elle lui adresse un dernier sourire carnassier et se dirige vers la sortie.)* Je ne vais pas vous déranger plus longtemps… Faites-moi signe quand vous aurez pris votre décision…

Cécile. – C'est ça : on se textote !

Samantha, sur le pas de la porte, s'adresse à Éric.

Samantha, *à Éric.* – J'ai gagné. Je m'attendais pas à autant d'amateurisme.

Éric. – D'amateurisme ?

Samantha. – Se faire épingler pour un simple enfant caché !… Quand je vois les précautions qu'on a prises dans notre camp pour déminer tous les scandales autour de Paoli…

Louis. – Ah oui ?

Samantha. – Qu'est-ce que vous croyez ? Mon candidat aussi a des dossiers ! Il partouze avec des mineures, il truque les comptes de campagne, quand il a un coup de mou il tape un peu de coke... Mais lui, au moins, il sait s'entourer de gens capables de le cacher ! *(Avec un large sourire suffisant.)* Des professionnels, quoi !... À dimanche ! Jour du Seigneur...

Cécile. – Et moi, si j'vous recroise, ce sera Jour de Saignée !

Samantha hausse les épaules avec mépris, puis va pour sortir.

Gaby. – Qui nous a balancés ?

Moment de flottement. Samantha se retourne et fixe Éric, sadique.

Louis. – Oui ! Vous avez des preuves, au moins, de tout ce que vous avancez ?

Cécile. – C'est vrai, ça : je pourrais vous attaquer en... en... Merde, c'est quoi le mot, déjà ?

Gaby. – Diffamation !

Cécile. – Merci ! *(À Samantha.)* Alors ?

Samantha exhibe fièrement son téléphone portable et appuie sur une touche. Un extrait de l'acte III se fait entendre.

Voix de Gaby. – ... je t'ai demandé de plus venir au ministère ! Si quelqu'un te chope avec Louis, c'est foutu !

Voix d'Éric. – Allez...

Voix de Gaby. – Tu veux nous faire griller ? Tu veux vraiment qu'après tout le travail qu'on a abattu depuis six semaines, tout s'écroule à cause de toi ? Je t'assure que les électeurs ne seront pas franchement ravis d'apprendre que pépé, là, nous la joue Yves Montand, avec, en prime, la petite-fille de l'éventuelle future présidente !

Voix de Cécile. – Elle a besoin de tout nous rabâcher, comme ça ?

Samantha, *coupant l'enregistrement.* – C'est presque mieux que des aveux signés, non ?

Sara. – D'où ça sort, ça ?

Samantha. – De mon portable. On entend bien, hein ? C'est fou, la technologie…

Éric. – C'est moi. *(À Gaby.)* Je suis désolé…

Gaby. – Comment ça c'est toi ?

Cécile. – Oui ! Tu peux être un peu plus clair ?

Samantha, *sourire mauvais.* – J'étais cachée…

Louis. – Vous nous espionniez ?

Samantha. – Non, c'est Éric qui m'avait planquée… Pourquoi, à votre avis ? *(Gaby comprend et s'assied, dévastée. Samantha vient se placer derrière elle, faussement prévenante.)* Un conseil, Gabrielle : puisque vous ne vous occupez plus de votre mari, prenez au moins soin de le surveiller…

Long et lourd silence.

Louis, *au bout d'un moment.* – Quoi ? Qu'est-ce qu'il se passe, là ? J'ai pas compris !

Sara, *exaspérée.* – C'que t'es relou, c'est homologable !…

SAMANTHA. – C'est un jeu cruel, la politique... Pour arriver sur la dernière marche du podium, faut pas avoir peur d'y laisser des plumes.

CÉCILE. – Oui, ben vous, vous pouvez récupérer les vôtres !

LOUIS. – Et vous les coller où j'pense !

SAMANTHA. – Quelle vulgarité ! Dire que vous avez failli être présidente ! Les Français l'ont échappé belle !

CÉCILE. – Les Français, j'sais pas, mais vous, certainement ! Parce que si j'y étais arrivée, j'aurais pas eu assez d'un quinquennat pour vous pourrir la vie, ma pauvre... Allez, foutez le camp, maintenant ! Foutez le camp ou c'est moi qui vous sors, compris ?

SAMANTHA, *ironique*. – J'en tremble !

CÉCILE, *à Louis, décidée*. – O.K., c'est bon, j'me la fais !

SARA. – Mamie !

CÉCILE. – Elle commence à me les moudre, Sharon Stone ! Et moi, quand on me court, je règle ça à l'ancienne !

Elle remonte vers Samantha, menaçante.

SARA. – Arrête, ça sert à rien...

CÉCILE. – Peut-être, mais ça défoule ! *(À Samantha.)* Allez, viens, toi ! Tu verras, ça va aller très vite ! Le temps de compter tes neurones : un, deux, et hop ! ce sera plié !

SAMANTHA, *ricanant*. – Vous êtes ridicule...

CÉCILE. – Marre-toi ! Dans deux secondes, tu ramasses tes dents !

LOUIS. – Cécile...

Cécile. – Pousse-toi, Loulou, tu vas t'prendre une mandale perdue !

Samantha. – Navrante…

Cécile balance une gifle, mais c'est Louis, qui s'était interposé, qui la reçoit en pleine face.

Cécile. – Merde ! Pardon, Loulou !

Louis. – Je savais que ça finirait mal !

Cécile. – J't'avais dit d'te pousser !

Samantha rit.

Louis. – Ça vous fait rire, vous ? *(On entend Justine pleurer dans le cabinet de toilette.)* Et voilà ! En plus, elle réveille MA fille !

Sara descend et va voir dans le cabinet de toilette. Cécile se retourne vers Samantha et lui montre la sortie.

Cécile, *à Samantha*. – Dehors, machine !

Samantha. – Au plaisir…

Samantha se fend d'un dernier sourire de tueuse, rajuste sa tenue et sa coiffure, puis sort.

Louis. – Pétasse !

Cécile, *à Louis*. – Eh bah, lui, on l'tient plus ! *(À Gaby.)* Ça va, toi ?

Retour de Sara, portant le couffin.

Sara. – Bon, Louis, prends le sac de la petite, on y va !

Louis. – On y va où ?

Sara. – On rentre ! Trop d'agitation pour Justine, là.

Louis. – Ah?... D'accord, alors... *(Se retournant vers les autres.)* Bon bah... bisous? On s'tient au courant, hein?

Cécile. – Ciao, mon Loulou! Désolée pour la beigne...

Louis. – Bon courage, Gaby...

Sara, *déjà à moitié dehors.* – Oh, Louis, tu bouges?

Louis. – J'arrive, ma puce...

Ils sortent tous les deux. Restent en scène : Cécile, Gaby et Éric.

Éric. – Bon... Je vais vous laisser.

Cécile. – T'es sûr?... *(À Gaby.)* Dis quelque chose, toi! T'as vu ta tête? Tu fais flipper...

Gaby, *fermée.* – Fous-moi la paix, maman. J'ai pas envie de parler. Et encore moins devant toi.

Cécile. – Dis-moi de dégager, aussi!

Gaby. – Dégage, maman.

Cécile. – Dis, oh, j'te rappelle que t'es dans mon bureau!

Éric, *à Gaby.* – Je suis désolé, Gaby... Tellement désolé... Je te demande pardon, je t'assure que ça n'a pas compté.

Gaby. – « Ça n'a pas compté »? T'oses me regarder droit dans les yeux et me dire « Ça n'a pas compté »?

Éric. – C'était un moment d'égarement...

Gaby. – C'est censé me rassurer?... Tu te rends compte de ce que t'as fait? Tu te rends compte pour qui tu me fais passer?... Avec cette garce, en plus!

Cécile. – En même temps, il t'aurait cocufiée avec la gardienne, t'aurais pas passé l'éponge non plus, si ?

Gaby. – Ta gueule, maman !

Éric. – J'ai jamais voulu te faire de mal. Ni à toi, ni à vous, Cécile.

Cécile. – Oh, moi j'en ai vu d'autres, j'ai le cuir solide…

Éric, *à Gaby.* – Tu me manquais… Je sais pas ce qui m'a pris.

Gaby. – Y en a eu d'autres ?

Éric. – Je te promets que non. C'était juste elle. Et c'était juste merdique. *(Un temps.)* Tu me manques comme tu peux pas imaginer… Et je suis toujours éperdument amoureux de toi.

Gaby. – Va-t'en.

Sa voix se brise. Il sort précipitamment, les larmes aux yeux. Cécile et Gaby se retrouvent seules.

Cécile, *à Gaby, tentant de la convaincre.* – Tu vas lui pardonner, hein ?

Gaby. – Ça te regarde pas, maman…

Cécile, *ferme.* – Évidemment que ça me regarde ! T'as forcément ta part de responsabilité dans tout ça, ma chérie, désolée de te le dire !… L'adultère, c'est comme le divorce : c'est aux torts partagés ! Et les mecs, c'est comme les chiens : si tu les caresses pas un peu de temps en temps, ou ils deviennent méchants, ou ils vont chasser ailleurs ! Alors, faut les calmer direct, sinon ils te gnaquent au mollet ! Et tu peux me croire : j'ai dressé plus d'un chenil !

Un court temps.

GABY, *dépitée*. – On va perdre l'élection…

CÉCILE, *essayant de la rassurer*. – On se sera bien battus… On pensait même pas arriver jusque-là.

GABY. – Justement ! On avait réussi l'impossible, et il a tout foutu par terre…

CÉCILE, *dans un sourire*. – Maintenant, au moins, on sait comment ça marche : on gagnera dans cinq ans !

GABY. – Là, je voudrais juste être loin. Très loin. Plus avoir aucune responsabilité… Être tranquille… Redevenir un bébé. Les bébés, ils ont de la chan…

CÉCILE, *intervenant dans le décrochage*. – Oh, putain ! Le bébé !

GABY. – Quoi ?

CÉCILE. – Le bébé !

GABY. – Qu'est-ce que tu racontes ?

CÉCILE. – Le bébé, là ! Le bébé !

GABY. – Je comprends pas…

CÉCILE. – Mais si ! La peluche de… Blandine ?! Mais si ! Ta petite-fille !… C'est quand même dingue que j'me souvienne jamais de son prénom !

GABY. – Justine ?

CÉCILE. – C'est ça ! Justine !

Elle se rue sur le parc de Justine et commence à trifouiller la peluche.

GABY. – Tu fais quoi ?

CÉCILE. – Une autopsie !

Cécile extrait la caméra dans la peluche et la brandit comme un trophée.

GABY. – C'est quoi ce truc ?

CÉCILE. – Une caméra. *(Elle vérifie que la caméra est bien en train de tourner.)* Qui a tout filmé depuis tout à l'heure… *(Triomphante.)* Ma bichasse : on l'a p't-être pas encore perdue, c't'élection !!

Sourire de gagnante de Cécile. La lumière descend doucement. Noir.

FIN DE L'ACTE IV

ÉPILOGUE

Trois semaines et demie plus tard. Sara, très apprêtée, est seule en scène au téléphone. La porte à cour est ouverte; celle à jardin est fermée.

SARA, *au téléphone.* – … M'enfin vous êtes où, maman?… Moi? Bah je suis prête depuis quatre heures! J'ose même pas bouger tellement je suis bien maquillée!… Chez la nounou… Mamie a presque fini… O.K., bah bougez-vous! Et passe-moi Louis… Comment ça, il est pas avec vous? T'es sérieuse?… Il m'a dit qu'il passait vous chercher. Oh, je le hais! Bon, je l'appelle! Et vous, grouillez-vous! *(Elle raccroche, exaspérée, et se rapproche de la porte restée ouverte.)* Mamie, tu sais pas où est mon mari?… Enfin, le tien. Le nôtre, quoi!

CÉCILE, *off.* – Non, je sais pas, t'as qu'à ranger tes affaires!… Et avise-toi de m'appeler encore une fois « mamie », et je te fais coffrer! Je te rappelle que j'ai tous les droits, maintenant!

SARA, *composant un numéro, de plus en plus vénère.* – Vous m'avez tous saoulée… *(Une sonnerie ridicule se fait alors entendre dans le cabinet de toilette. Puis elle s'arrête brusquement. Intriguée, Sara s'approche de la porte fermée, tout en recomposant le numéro. À nouveau, la sonnerie se fait entendre, puis est arrêtée.)* Louis? Louis, t'es là?

Louis, *off, timidement*. – Non.

Sara. – Mais qu'est-ce que tu fous ?

Louis, *off*. – Je… Je me prépare.

Sara essaie d'ouvrir la porte, mais elle est fermée à clé.

Sara. – Louis, ouvre-moi !

Louis, *off*. – Non !

Sara. – Louis, c'est pas le jour, là ! Dépêche-toi de m'ouvrir ou je défonce la porte – et ta tronche !

Louis, *off, halluciné*. – Tu déconnes ?!

Cécile apparaît, venant de l'autre côté, très chic. Elle remonte vers Sara.

Cécile. – À qui tu parles ?

Sara. – À Louis. Il dit qu'il veut pas venir…

Cécile. – Il est bourré ?

Sara. – Non, flippé, je pense…

Louis, *off*. – Je veux plus y aller…

Cécile. – Bon, laisse, je gère… Faut vraiment que je m'occupe de tout, sans déconner…

Sara, *tambourinant à la porte*. – Louis, ouvre !!!

Louis, *off*. – Non !

Cécile. – Merde Loulou, tu vas pas me faire ta Cécilia !

Louis, *off, après un court temps*. – J'vous emmerde !

Cécile. – Bon bah, c'est carré : il a pété les plombs !

Arrivée d'Éric et Gaby, élégants et radieux, plus amoureux que jamais.

CÉCILE. – Ah, les remetteurs de couvert ! Il était temps…

GABY. – Pardon, pardon, on est en retard, je sais !

CÉCILE. – Non, il était temps : j'allais partir sans Louis !

ÉRIC. – Pourquoi ?

SARA. – Il refuse de sortir.

GABY. – Pardon ?

CÉCILE. – Il dit qu'il veut plus y aller…

ÉRIC. – Il est sérieux ? On peut plus attendre, là. *(À Louis.)* Louis ! Dehors !

LOUIS, *off, même jeu.* – Laisse-moi tranquille !

SARA, *aux autres.* – On peut pas y aller sans lui ?

ÉRIC, *logique.* – Bah non !

GABY. – Louis, ça suffit maintenant ! Tu peux pas te permettre de mettre maman en retard à son premier rendez-vous ! Les journalistes vont se déchaîner si vous êtes à la bourre !

LOUIS, *off.* – Je m'en fous !

SARA, *tapant contre la porte, hystérique.* – Allez, putain ! On est tous là, endimanchés comme des moches, à attendre comme des cons !

CÉCILE. – De mieux en mieux, toi, le vocabulaire !

SARA. – En veilleuse, madame la présidente !

CÉCILE. – Présidente, présidente… Pas encore ! *(Elle regarde sa montre.)* Dans vingt-sept minutes exactement !

ÉRIC. – Oui, si on monte dans les voitures maintenant ! *(À Louis.)* Louis, je t'en supplie, tu peux pas te défiler, ça a été assez dur pour la gagner, cette élection !

SARA. – D'ailleurs, personne m'a jamais remerciée !

CÉCILE. – Remerciée pour… ? T'as rien foutu pour cette campagne !

SARA. – Et la caméra dans la peluche, c'est grâce à qui ?

ÉRIC, *abondant dans le sens de Sara*. – C'est vrai que sans elle, les dossiers sur Paoli seraient pas sortis, et on l'aurait pas rayé de la course !

CÉCILE, *de mauvaise foi*. – Oui, oh…

GABY, *expéditive*. – Bon, eh ben, merci ma chérie ! Voilà. *(À Louis.)* Louis, sors de là !

LOUIS, *off*. – Non.

GABY. – Mais enfin ! Tu devrais être super fier : t'es le premier première dame homme !

SARA. – Cette phrase est surréaliste…

LOUIS, *off*. – C'est pas ça !

ÉRIC. – C'est quoi ?

LOUIS, *off*. – J'ai peur !

SARA. – Ses crises de panique. Ça le paralyse. Faut lui parler.

Éric, *sincère*. – Lui parler ou le forcer.

Cécile, *tentant une approche plus soft*. – Mais te bile pas, mon Loulou : on est dans le même bateau tous les deux.

Gaby, *douce*. – Mais oui, t'es pas tout seul.

Cécile. – Et puis toute la smala est là. Ils nous lâcheront pas…

Éric, *doucement*. – Oui, ça vaut mieux…

Sara. – Et puis, pense à Justine ! Elle va être tellement fière de son papa…

Louis, *off*. – Partez devant. Je vous rejoins !

Cécile. – Bon, on va pas y passer le printemps !

Sara. – Qu'est-ce que tu fais ?

Cécile. – Vous avez bien dit « lui parler ou le forcer » ?

Sara. – Oui…

Cécile. – On a tenté de parler, on va essayer l'autre option. Poussez-vous !

Elle va à son bureau, ouvre un tiroir, sort un flingue et remonte vers la porte du cabinet de toilette, calmement.

Sara. – Mamie !

Gaby. – Maman !

Éric. – Cécile !

Elle n'a pas le temps de finir sa phrase. Cécile tire et fait sauter la serrure. Puis elle range son flingue comme si de rien n'était.

Cécile, *calmement*. – Voilà. Un bon président sait toujours comment débloquer une situation.

Sara. – Et c'est donc cette femme qui va nous diriger pendant cinq ans ?

Gaby. – … et qui aura le code nucléaire ? Oui, c'est bien elle…

Louis, *apparaissant, outré, à Cécile*. – Mais vous êtes complètement cinglée ? J'étais derrière la porte ! Vous avez failli me tuer, pauvre conne !

Éric. – Au moins, ça t'a débloqué !

Cécile. – C'est pour ton bien, mon Loulou !

Sara, *tendant un comprimé à Louis*. – Tiens, c'est homéopathique, ça va te détendre.

Louis. – Merci, mon amour…

Gaby, *lui tendant un verre de whisky*. – Tiens, bois !

Cécile, *lui tendant le joint qu'elle vient de rallumer*. – Tiens, fume !

Louis, *confus*. – Merci, merci…

Cécile. – Bon, maintenant on s'arrache ?

Gaby, *regardant sa montre*. – Oui, il faut vraiment y aller !

Éric. – C'est clair ! Go !

Ils sortent tous. Louis et Cécile ferment la marche. Ils s'arrêtent sur le pas de la porte avant de sortir. Louis respire un grand coup.

Louis. – Allez, Cécile : la France nous attend ! Vous entrez dans l'histoire !

Cécile. – Pour une fois que c'est pas l'inverse !

Les premières notes de « La Marseillaise » (revisitée) se font entendre, très fort. Louis prend le bras de Cécile, et ils sortent tous deux avec grandiloquence…
Noir.

FIN DE L'ÉPILOGUE ET DE LA PIÈCE

RIDEAU

AVIS IMPORTANT

Cette pièce de théâtre fait partie du répertoire de la Société des Auteurs et Compositeurs Dramatiques, 11 bis rue Ballu 75442 PARIS Cedex 09. Tél. : 01 40 23 44 44. Elle ne peut donc être jouée sans l'autorisation de cette société.

Nous conseillons d'en faire la demande avant de commencer les répétitions.

ATTENTION

Aux termes du Code de la propriété intellectuelle, toute reproduction ou représentation, intégrale ou partielle de la présente publication, faite par quelque procédé que ce soit (reprographie, microfilmage, scannérisation, numérisation...) sans le consentement de l'éditeur est illicite (article L. 122-4 du Code de la propriété intellectuelle) et constitue une contrefaçon sanctionnée par les articles L. 335-2 et suivants du même Code.

1er trimestre 2016
1re édition, dépôt légal : février 2016
N° d'édition : 201626
ISBN : 978-2-37393-167-9